Gewusst wie

MENT-
die
okratie

Versicherungen und Verträge

Geld und Finanzen

Auto und Mobilität

Urlaub und Freizeit

Verein für Konsumenteninformation (Hrsg.)
Manfred Lappe

Gewusst wie

Das KONSUMENT-Buch für die Alltagsbürokratie

Impressum

Herausgeber
Verein für Konsumenteninformation (VKI)
Linke Wienzeile 18, 1060 Wien
ZVR-Zahl 389759993
Tel. 01 588 77-0 | Fax 01 588 77-73 | E-Mail: konsument@vki.at
www.vki.at | www.konsument.at

Geschäftsführung
Mag. (FH) Wolfgang Hermann

Autor
Dkfm. Manfred Lappe

Grafik/Produktion
Günter Hoy

Stand
Dezember 2022

Foto Umschlag
amasterphotographer/Shutterstock.com

Druck
Holzhausen Druck GmbH, 2120 Wolkersdorf

Gefördert aus Mitteln des Sozialministeriums

Bundesministerium
Soziales, Gesundheit, Pflege
und Konsumentenschutz

Bibliografische Information der Deutschen Nationalbibliothek
Die Deutsche Nationalbibliothek verzeichnet diese Publikation in der Deutschen Nationalbibliografie; detaillierte bibliografische Daten sind im Internet über <http://dnb.dnb.de> abrufbar.

Verein für
Konsumenteninformation
ISBN 978-3-99013-119-0
€ 25,–

Liebe Leser!

Kennen Sie das nicht auch: Immer wieder treten im Alltag Fragen auf, wie dies oder jenes in den Bereichen von Versicherungen, Verträgen, Wohnung, Geld, Finanzen, Urlaub, Freizeit und Mobilität funktioniert. Und oftmals sollte man hier keine Fehler machen, geht es doch zumeist auch um finanzielle Folgen in Form von Einsparpotenzialen oder höheren bzw. geringeren Kosten.

Mit diesem Buch möchten wir in einfacher und verständlicher Sprache Hilfestellung bei der Lösung dieser Fragen geben. Jeweils mit einer Kurzerklärung, worum es geht, und wenigen verständlichen Schritten zur Lösung der Fragestellung.

Die von uns ausgesuchten Fragen stammen zwar alle aus dem Alltag der österreichischen Bürger, nicht bei jedem der Leser kommt die Fragestellung im Alltag jedoch so häufig vor, dass man sie einfach aus der eigenen Erfahrung heraus beantworten und lösen könnte. Dies gilt natürlich umso mehr für Personen, die noch nicht so lange Zeit selbstbestimmt in Österreich leben. Dies sind einerseits junge Erwachsene, die eben noch nicht auf eine lange Lebenserfahrung auch bei komplexeren Themen zurückblicken können. Andererseits betrifft es auch alle Neubürger z.B. aus Deutschland, die oftmals ganz andere Antworten und Regelungen in ihrem Heimatland kennengelernt haben. Aber auch für den „Alltags-Profi" aus Österreich haben wir einige interessante Fälle zusammengestellt.

Das Buch können Sie gut als Nachschlagewerk verwenden und fallbezogen die einzelnen Kapitel nutzen. Aber es eignet sich zugleich für ein sukzessives Lesen, um so frühzeitig von den Erfahrungen zu profitieren und den eigenen Erfahrungsschatz zu erweitern oder wieder neu zu beleben.

Ihr KONSUMENT-Team

Versicherungen, Verträge und Recht

Gesetzgebung und Verordnungen regeln einen Großteil unseres Lebens. Meistens eher unverständlich geschrieben und damit nur bedingt für den einfachen Gebrauch durch den Normalbürger geeignet. Gleiches gilt auch für den Bereich der Versicherungen, die uns doch vor gravierenden Risiken schützen sollen. Wir machen einen kleinen Streifzug durch wichtige Themenbereiche.

Gas- und Stromanbieter wechseln

Bei der Versorgung mit Gas und Strom haben Sie immer zwei Verträge mit Lieferanten: Der Netzbetreiber stellt das Gas- bzw. Stromnetz zur Verfügung, der Gas- bzw. Stromlieferant hingegen das Gas bzw. den Strom. Eine Wahlmöglichkeit haben Sie nur beim Lieferanten von Gas bzw. Strom, d.h., der Netzbetreiber ist für Sie fix.

Vor einem Wechsel des Lieferanten sollten Sie immer zuerst klären, wann Sie diesen wechseln können. Dies erfahren Sie aus Ihrem bisherigen Liefervertrag. Handelt es sich um einen Vertrag mit Bindungsfrist, so können Sie erst mit dem Ende der Bindungsfrist wechseln. Die Bindungsfrist darf jedoch nicht länger als ein Jahr sein. Alle Verträge ohne Bindungsfrist lassen sich hingegen mit einer Frist von zwei Wochen kündigen. Stellen Sie immer einen Preisvergleich zwischen den Anbietern her. Hierfür benötigen Sie Ihre bisherige Gas- bzw. Stromrechnung. Einen unabhängigen Vergleich erhalten Sie von der Regulierungsbehörde E-Control. Diese bietet auch einen Tarifrechner zur Ermittlung des besten Anbieters an.

Unabhängiger Preisvergleich mit E-Control

Tipp

Nutzen Sie für den Vergleich den Tarifrechner der E-Control:
https://www.e-control.at/konsumenten/service-und-beratung/toolbox/tarifkalkulator#/

Oftmals bieten die Anbieter Neukunden oder auch Wiederkehrern hohe Rabatte für das erste Jahr. Allerdings sind die Anbieter mit den höchsten Rabatten zugleich häufig auch die Anbieter mit den höchsten Preisen. Der Tarifrechner von E-Control bietet Ihnen die Möglichkeit, sowohl mit als auch ohne Wechselrabatten zu rechnen. Sie sollten beides machen und haben dann folgende Alternativen:

- Wenn Sie den günstigsten Anbieter mit hohen Wechselrabatten wählen, sollten Sie sich vormerken, dass Sie nach Ablauf der neuen Bindungsfrist erneut einen Vergleich machen und eventuell erneut wechseln.
- Sie wählen den günstigsten Anbieter ohne Wechselrabatte. Hierbei verschenken Sie zwar etwas Geld, müssen jedoch nicht an die erneute Prüfung nach der Bindungsfrist denken.

Tipp

Eine Überprüfung der kostengünstigsten Belieferung macht nach Ablauf von ein bis zwei Jahren immer Sinn. Sowohl die Prüfung als auch der Wechsel sind hierbei mit keinen Kosten verbunden.

Hund an- und abmelden

Grundsätzlich ist für das Halten eines Hundes eine Abgabe, die sogenannte Hundeabgabe, zu bezahlen. Die Höhe und die genauen Bestimmungen dieser Hundeabgabe sind jedoch je nach Bundesland unterschiedlich. Die Pflicht zur Hundeabgabe besteht ab einem Alter des Hundes von drei Monaten. Hierfür muss der Hund bei der zuständigen Gemeinde angemeldet werden. Dies ist prinzipiell das Gemeindeamt, in Statutarstädten der Magistrat und in Wien die MA 6 (Magistratsabteilung für Rechnungs- und Abgabenwesen).

Tipp

Die zuständige Gemeinde für die An- und Abmeldung erfahren Sie hier https://www.help.gv.at/at.gv.brz.linkaufloesung/help/applikation-flow?execution=e2s1

Die Abmeldung eines Hundes, z.B. wegen Tods, Weitergabe oder Umzugs, muss bei der zuständigen Behörde (siehe oben) erfolgen. Die Pflicht zur Bezahlung der Hundeabgabe am bisherigen Wohnsitz endet erst mit der ordnungsgemäßen Abmeldung. Nach der Abmeldung muss dann die Anmeldung am neuen Wohnort erfolgen. Bei einem Umzug innerhalb der Gemeinde muss die neue Adresse ebenfalls der zuständigen Behörde mitgeteilt werden, damit Sie der nächste Abgabenbescheid auch erreichen kann.

Nach der Einzahlung der Hundeabgabe erhält der Hundebesitzer eine Hundemarke, die am Halsband des Hundes befestigt werden muss. Ausnahme hierbei ist die Stadt Wien, wo seit 2012 Informationen zur gezahlten Hundeabgabe in dem elektronischen Chip, den jeder Hund seit 2010 tragen muss, abgespeichert werden.

Tipp

Es gibt auch Befreiungs- und Ermäßigungsgründe (z.B. für Nutzhunde) sowie Ausnahmen von der Abgabenpflicht (Assistenzhunde, Dienst- und Rettungshunde). Diese können Sie ebenfalls im jeweiligen Bundesland bei der zuständigen Behörde erfragen. Detaillierte Informationen erhalten Sie bei Ihrem Gemeindeamt.

Briefkastenwerbung stoppen

Fast täglich ist der Briefkasten mit Werbung gefüllt: die neuesten Angebote und Aktionen von jedem Supermarkt und weitere Werbung für Produkte und Handwerker finden ungefragt den Weg in den eigenen Kasten. Für jemanden mit Zeit und Muße zum Studieren der Angebote durchaus eine sinnvolle Informationsquelle zu Sonderangeboten, für andere zumeist ein Ärgernis. Die wesentlichen Nachteile sind die folgenden:

Wie der Einsiedler Robinson auf unerwünschte Werbung verzichten

- Bis zu 100 kg Papier im Jahr je Haushalt für Werbung schaden der Umwelt.
- Tägliche Gänge zum Altpapiersammelbehälter sind mühsam.
- Verstopfte Briefkästen zeigen in der Urlaubszeit die Abwesenheit der Bewohner an.

Abhilfe schafft hier ein einfacher Aufkleber „Keine Werbung" oder „Kein unadressiertes Werbematerial", sofern adressierte Sendungen doch gewünscht sind. Selbst erstellte Aufkleber, bei

Tipp

Einen zusätzlichen Schutz gegen unerwünschte Werbung bietet die sogenannte Robinsonliste. Diese wird von der Wirtschaftskammer Österreich (WKO) geführt. Einträge sind formlos möglich (Adresse ► Seite 137) oder auch online unter https://apppool.wko.at/Robinsonliste/Registrierung.aspx. Durch den Eintrag in die Robinsonliste werden Ihre Daten aus den Datenbanken der Adressverlage gestrichen. Es dürfen Ihnen auch keine unerwünschten, persönlich adressierten Werbesendungen (z.B. Gewinnspiele) mehr zugestellt werden. Wichtig zu wissen ist, dass die Robinsonliste der WKO nur für Anbieter aus Österreich gilt. Werbesendungen aus Deutschland und der Schweiz unterbinden Sie durch die Robinsonlisten in diesen Ländern:

- **Deutschland.** https://www.ichhabediewahl.de/?cid=39
- **Schweiz.** https://sdv-konsumenteninfo.ch/

jedem Briefkasten ein anderer und handschriftlich, wirken oftmals unschön. Standardisierte Aufkleber gibt es jedoch in Geschäften mit Produkten wie Schildern und Folien. Aber auch die Umweltberatung bietet kostenlose Aufkleber gegen Portoersatz an (https://www.umweltberatung.at/themen-shop-download).

Der Aufkleber schützt auch gegen die „Kuvert"-Sendungen der Post. Hierbei sammelt die Post (gegen Entgelt) Werbeblätter von Werbetreibenden und versendet diese gesammelt in einem Umschlag. Dies sieht zwar wesentlich seriöser aus als eine Vielzahl von Werbeblättern im Briefkasten, jedoch handelt es sich auch hierbei um unadressierte Werbung.

Werbeanrufe unterbinden

Cold Calling wird hart bestraft

Werbeanrufe per Telefon, SMS und auch E-Mail sind nur dann zulässig, wenn Sie zuvor eingewilligt haben, sie zu erhalten. Diese Einwilligung ist eine konkrete Erklärung, dass Sie mit einem Werbeanruf einverstanden sind. Für die Wirksamkeit der Erklärung ist es erforderlich, dass Sie bei der Abgabe der Zustimmung erkennen können, welches Unternehmen welche Dienstleistung oder Produktgruppe bewerben möchte. Die Erklärung muss also transparent und verständlich sein. Ungewünschte Werbeanrufe bzw. Werbezusendungen mittels SMS und E-Mail sind hierbei nicht nur lästig, sondern auch verboten. Sie fallen unter den Begriff Cold Calling. Der werbenden Firma drohen Verwaltungsstrafen in Höhe von bis zu 58.000 Euro.

Ist der Absender ein Unternehmen mit Sitz in Österreich, können Sie Anzeige beim Fernmeldebüro [Radetzkystraße 2, 1030 Wien, Tel. +43 (0)1 71100 654500, E-Mail: office@fb.gv.at] erstatten. Formulare dafür finden Sie unter https://www.fb.gv.at/formulare/anzeigen.html.

Tipp

Meinungsumfragen bedürfen grundsätzlich keiner Zustimmung, da üblicherweise keine Werbeabsicht damit verbunden ist. Leider gibt es kein zentrales Register, in welches Sie sich eintragen können, wenn Sie grundsätzlich nicht an derartigen Umfragen teilnehmen möchten. Seriöse Umfrageinstitute werden Sie jedoch nicht nochmals kontaktieren, wenn Sie sich dies verbeten haben.

Online-Diebstahlsanzeige bei der Polizei erstatten

Üblicherweise wird eine Anzeige in der Polizeidienststelle oder am Tatort erstattet. Jedoch ist es unter bestimmten Voraussetzungen auch möglich, eine Anzeige online bei der Polizei einzubringen. Als generelle Voraussetzungen sind zu beachten:

- Zu Ihrer Identifikation ist eine Handy-Signatur oder eine Bürgerkarte erforderlich.
- Sowohl Ihr Hauptwohnsitz als auch der Tatort müssen in Österreich sein.
- Sie selbst müssen der Geschädigte sein, eine weitere Person darf nicht betroffen sein.
- Sie können online nur gegen eine unbekannte Person Anzeige erstatten.
- Sie können keine Online-Anzeige erstatten, wenn ein sofortiges polizeiliches Einschreiten erforderlich ist bzw. wenn von der Polizei Spuren gesichert werden müssen (z.B. beim Aufbrechen Ihrer Wohnung oder Ihres Autos).

Tipp

Auch bei einer Online-Anzeige kann es sein, dass Sie für weitere Erhebungen dennoch eine Polizeidienststelle aufsuchen müssen. Schildern Sie die Tatumstände daher bei der Online-Anzeige so klar und detailliert wie möglich. Und erstatten Sie eine Anzeige nur dann, wenn es tatsächlich Anhaltspunkte für einen Diebstahl gibt. Eine Anzeige können Sie nicht zurücknehmen. Seien Sie daher sehr vorsichtig bei Beschuldigungen von dritten Personen oder bei Diebstahlsvorwürfen z.B. in Verbindung mit Versicherungsschäden. Im Falle von unrichtigen Darstellungen oder Beschuldigungen können sich die Ermittlungen der Polizei ansonsten auch gegen Sie richten. Hier unterscheiden sich die Online-Diebstahlsanzeige und die traditionelle Anzeigenerstattung in der Polizeidienststelle nicht. Das Online-Formular finden Sie unter https://citizen.bmi.gv.at/at.gv.bmi.fnsbazweb-p/baz/checked/Buergeranzeige

Beim Diebstahl des Führerscheins oder der Zulassungsdokumente benötigen Sie als Ersatzdokument eine Bestätigung über die Erstattung der Anzeige. Dieses Ersatzdokument können Sie nur persönlich bei der zuständigen Polizeidienststelle (in Wien: Polizeikommissariat) abholen. In allen anderen Fällen können Sie bei der Online-Anzeige angeben, ob Ihnen die Bestätigung postalisch per Brief oder in Ihr elektronisches Zustellfach zugestellt werden soll.

Fahrrad versichern

Nicht erst seit Corona wird das Fahrradfahren immer beliebter. Und Fahrräder mit Elektroantrieb, fürs Mountainbiken oder Rennräder kosten leicht mehrere Hundert oder Tausend Euro. Dies wissen auch die Diebe: Im Jahr 2021 wurden in Österreich immerhin 17.595 Räder gestohlen, vorrangig in den Landeshauptstädten.

Fahrräder sind zumeist in der Hausratversicherung mitversichert. Vor dem Abschluss einer eigenen Fahrradversicherung sollten daher die Bedingungen in der Hausratversicherung geprüft werden. Knackpunkte sind hierbei:

Die Nachtzeitklausel schränkt den Versicherungsschutz stark ein

- Die Höhe des Versicherungsschutzes ist oftmals betragsmäßig begrenzt oder auch auf den Zeitwert beschränkt.
- Ein Versicherungsschutz besteht oft nur zu bestimmten Tageszeiten, in der Regel zwischen 06:00 und 22:00 Uhr, was sich Nachtzeitklausel nennt. Oft ist auch ein bestimmtes Schloss vorgeschrieben oder nur der Diebstahl aus verschlossenen Räumen versichert.

Reicht Ihnen der Versicherungsschutz der Hausratversicherung nicht aus, dann sollten Sie einen Preisvergleich starten. Dies können Sie z.B. über die Vergleichsportale www.biallo.at oder www.durchblicker.at machen. Wie bei der Hausratversicherung gibt es jedoch erhebliche Unterschiede zwischen den Versicherungen. Die wesentlichen Kriterien sind die folgenden.

Neu- oder Zeitwert. Ersetzt die Versicherung den Neuwert oder nur den Zeitwert des Fahrrades. Es ist klar, beim Zeitwert erhalten Sie wesentlich weniger Ersatz und müssen beim Neukauf zuzahlen. Dafür ist eine Versicherung mit Zeitwert wesentlich günstiger. Falls Sie sich hierfür entscheiden, fragen Sie nach, wie der Zeitwert mit den Nutzungsjahren abnimmt.

Umfang der Versicherung. Ist nur das Fahrrad versichert oder umfasst der Schutz auch festmontiertes Zubehör wie Fahrradtaschen und Lampen? Wird auch ein Vandalismusschaden abgedeckt? Soll auch eine Pannenhilfe angeboten werden? Soll der Versicherungsschutz nur in Österreich, in Europa oder weltweit gelten?

Nachtzeitklausel. Ist das Fahrrad immer versichert oder muss es zu bestimmten Tages- bzw. Nachtzeiten in einem abgesperrten Raum aufbewahrt werden?

Fahrradschloss. Ein Diebstahl ist umso unwahrscheinlicher, je besser das Schloss ist. Und entsprechend das Risiko des Versicherers geringer sowie die Polizze günstiger. Einige Versicherer schreiben einen Mindestpreis für das Schloss vor, andere erwarten eine VdS-Zertifizierung (Sicherheitszertifikat des Unternehmens VdS Schadenverhütung GmbH), ein Bügel-, Falt-, Ketten-, Abus-, Kryptonite- oder Trelock-Schloss. Hier haben die Versicherer keine einheitliche und logisch zugängliche Lösung, prüfen Sie daher die Bedingungen genau.

Günstige Versicherungen gibt es nur bei besonderen Fahrradschlössern

Fahrrad-Registrierung. Ein gestohlenes Fahrrad wird leichter wiedergefunden, wenn es registriert ist. Anbieter wie der ÖAMTC bieten hierfür einen Beitragsrabatt an.

Laufzeit. In der Regel ist eine Versicherung günstiger, wenn eine längere Laufzeit von z.B. drei statt einem Jahr gewählt wird.

Zahlart. Möchten Sie die Jahresprämie per Bankeinzug bezahlen oder bevorzugen Sie den Zahlschein? Für letzteren wird oft ein Zuschlag verlangt. Ebenso wird für eine unterjährige Zahlung ein Zuschlag fällig.

Tipp

Nicht alle Versicherer nehmen am Versicherungsvergleich von z.B. www.durchblicker.at oder www.biallo.at teil. Dies sind in jedem Fall auch der ÖAMTC (www.oeamtc.at) und der ARBÖ (www.arboe.at), die nur für Mitglieder auch eine Fahrradversicherung anbieten. Beziehen Sie daher auch diese in Ihren Kostenvergleich ein. Dieser Vergleich lohnt in jedem Fall, es sind erhebliche Leistungs- und Kostenunterschiede feststellbar. Der ARBÖ bietet auch einen Preisnachlass von 50 Prozent auf jedes weitere versicherte Fahrrad innerhalb einer Polizze.

Testament hinterlegen

Vielen Menschen ist es ein besonderes Anliegen, ihre Vermögensverhältnisse auch über den Tod hinaus zu regeln. Mit der Errichtung eines Testaments möchten sie von der gesetzlichen Form der Erbfolge abweichen. Um einzelne Personen der Familie stärker zu bedenken oder auch einer sozialen Einrichtung etwas zukommen zu lassen.

Um Kosten zu sparen, werden Testamente oft nicht beim Notar errichtet, sondern insbesondere bei einfacheren Vermögensverhältnissen auch als eigenhändiges oder fremdhändiges Testament erstellt.

Das **eigenhändige Testament** ist von der Form her am einfachsten zu erstellen. Zwingend erforderlich ist aber, dass alles (!) von Ihnen selbst mit der Hand geschrieben und mit Vornamen und Nachname unterschrieben sein muss. Die Nennung des Datums ist zwar kein Zwangsbestandteil, wird jedoch zur Unterscheidung mehrerer Testamente im Zeitablauf dringend empfohlen. Beachten Sie, dass auch alle Änderungen und Ergänzungen von Ihnen selbst handgeschrieben und unterschrieben werden müssen.

Das **fremdhändige Testament** unterscheidet sich vom eigenhändigen Testament dadurch, dass es auch von einer anderen Person oder mittels PC oder Schreibmaschine geschrieben sein kann. Allerdings benötigen Sie dann Zeugen, die bestimmte Voraussetzungen erfüllen müssen. Ein Testament macht natürlich auch bei Beachtung der Formvorschriften nur dann Sinn, wenn

Tipp

Bei eigenhändigem und fremdhändigem Testament sind eine Reihe von Formvorschriften zu beachten. Unterläuft Ihnen hierbei ein Fehler, so ist das Testament ungültig und Sie hätten sich die Mühe sparen können. Verwenden Sie für das Testament möglichst nur ein Blatt (Vor- und Rückseite), da ansonsten die korrekte Verbindung der Blätter ein Problem darstellt.

es auch gefunden und beachtet wird. Auch wenn Sie das Testament kostensparend nicht von einem Notar oder Rechtsanwalt haben erstellen lassen, können Sie einen Vertreter dieser Berufsgruppen dennoch bei der Frage der Verwahrung beauftragen. Die Information, dass ein Testament vorliegt, kann beim Zentralen Testamentsregister der österreichischen Notariatskammer oder beim Testamentsregister der österreichischen Rechtsanwälte hinterlegt werden. Hierfür ist eine einmalige Gebühr in Höhe von 15 bis 18 Euro zu entrichten. Dort wird gespeichert, dass Sie eine letztwillige Verfügung errichtet haben und wo sich diese befindet. So kann Ihr Testament im Todesfall nicht übersehen werden. Auch eine Verwahrung beim Rechtsanwalt oder Notar ist möglich, wofür dann eine zusätzliche Gebühr in Rechnung gestellt wird.

Wichtige Dokumente beglaubigen lassen

Beglaubigungen als Zwischenstufe zwischen Original und Kopie

Für viele Rechtsgeschäfte reichen Kopien aus. Allerdings nicht für alle. Aus Gründen der Rechtssicherheit und auch des Konsumentenschutzes kann auch eine Beglaubigung bei wichtigen Dokumenten erforderlich sein. In Österreich unterscheidet man hierbei zwischen zwei Arten von Beglaubigungen.

Unterschriftsbeglaubigungen. Mit Beglaubigung der Unterschrift (öffentliche Beglaubigung) auf einer Privaturkunde wird bestätigt, dass die Unterschrift einer bestimmten Person echt ist. Hierzu ist es erforderlich, dass die Unterschrift vor den Augen der Beglaubigungsperson geleistet wird und mit der Unterschrift auf dem Ausweisdokument übereinstimmt. Unterschriftsbeglaubigungen werden sowohl von Notaren als auch von den Bezirksgerichten angeboten. Sie beziehen sich ausschließlich auf die Unterschrift und machen keine Aussage zum Inhalt des Dokuments.

Beglaubigte Abschrift. Bei einer beglaubigten Abschrift wird bestätigt, dass die Kopie eines Dokuments mit dem Original übereinstimmt. Häufig werden beglaubigte Kopien etwa von Reisepässen, Personalausweisen oder anderen öffentlichen Urkunden wie Zeugnissen oder dergleichen benötigt. Die beglaubigte Abschrift ersetzt im Rechtsverkehr (etwa bei Behörden) das Original, das man nicht aus den Händen geben möchte. Bei der Beglaubigung wird die Beglaubigungsperson selbst eine Kopie herstellen und anschließend die Übereinstimmung von Kopie und Original bestätigen. Beglaubigte Abschriften (beglaubigte Kopien) werden sowohl von Notaren als auch den Bezirksgerichten angeboten. Auch eine Beglaubigung durch die ausstellende Behörde ist in einzelnen Fällen möglich, dies sollte aber vor dem Behördenbesuch erfragt werden.

Beglaubigungen können beim Notar auch im rein elektronischen Weg, d.h. ohne persönliche Anwesenheit beim Notar, durchgeführt werden. Das Prozedere weicht allerdings erheblich von der üblichen Vorgehensweise ab: Der Notar erstellt einen sicheren Datenraum, in den die zu unterfertigenden und zu beglaubigenden Dokumente hochgeladen werden. Um Zugriff auf diesen Datenraum zu erhalten, müssen die Parteien auf Einladung des Notars ein Video-Identifikationsverfahren (WebID) durchlaufen. Die dafür benötigten persönlichen Daten müssen dem Notar durch Ausfüllen eines Personendatenformulars zur Verfügung gestellt werden. Erst wenn

Tipp

Die Kosten einer notariellen Beglaubigung sind im Notariatstarifgesetz gesetzlich geregelt und bei allen Notaren gleich. Der Mindestpreis für eine Unterschriftsbeglaubigung beträgt 20 Euro, zuzüglich 20 Prozent Mehrwertsteuer und der Gebühr nach dem Gebührengesetz (derzeit 14,30 Euro). Sie müssen daher mit zumindest 38,30 Euro für eine Unterschriftsbeglaubigung beim Notar rechnen. Hinzu kann eine Sofortzulage z.B. von 50 Euro kommen, wenn die Beglaubigung innerhalb von wenigen Stunden erfolgen soll. Diese wird allerdings nicht von allen Notaren verlangt. Klären Sie im Vorfeld, wie hoch die Kosten sein werden, und vergleichen Sie auch die Kosten des Notars mit den Kosten des Bezirksgerichts oder der ausstellenden Behörde. Sowohl die Gerichts- als auch die Notargebühren richten sich nach der Höhe der Bemessungsgrundlage. So betragen die Gerichtsgebühren für eine Unterschriftsbeglaubigung bei einer Bemessungsgrundlage von unter 360 Euro nur 3,31 Euro, bei einer Bemessungsgrundlage von 36.340 Euro bis 72.670 Euro jedoch bereits 57 Euro. Dementsprechend ist auch zu klären, welche Bemessungsgrundlage für die Beglaubigung herangezogen wird.

sämtliche beteiligten Parteien Zugang zum Datenraum haben, kann die elektronische Beglaubigung im Zuge einer Videokonferenz mit dem Notar durchgeführt werden. Die Einladung zur Videokonferenz erhalten die Parteien rechtzeitig vor dem Termin vom Notar. Die fertige Urkunde ist dann eine genuin elektronische Urkunde, es existiert kein Original in Papierform.

In eine Religionsgemeinschaft eintreten oder aus einer austreten

In Österreich gibt es zwei Formen von Religionsgemeinschaften:

- gesetzlich anerkannte Kirchen und Religionsgesellschaften
- staatlich eingetragene religiöse Bekenntnisgemeinschaften

Die Bekenntnisgemeinschaften besitzen Rechtspersönlichkeit, sind jedoch keine Körperschaften öffentlichen Rechts. Die gesetzliche Anerkennung durch den Staat hingegen räumt einer Religionsgemeinschaft die Stellung einer Körperschaft des öffentlichen Rechts ein, was mit der Wahrnehmung von Aufgaben des öffentlichen Interesses einhergeht (z.B. Recht zur Erteilung von Religionsunterricht in allen öffentlichen Schulen und Privatschulen mit Öffentlichkeitsrecht).

Für den Ein- und Austritt gibt es unterschiedliche Zuständigkeiten

Eintritt in eine Religionsgemeinschaft. Der Eintritt in eine Religionsgemeinschaft erfolgt immer bei und gegenüber dieser Religionsgemeinschaft. Ansprechpartner ist hierbei das jeweilige Pfarramt bzw. das zentrale Sekretariat, je nach Religionsgemeinschaft können andere Begriffe verwendet werden. An der Religionsgemeinschaft liegt es, die Bedingungen für den Eintritt festzulegen. Dies können verpflichtende Wissensvermittlungen, Prüfungen oder Gespräche mit Vertretern der Religionsgemeinschaft sein. Auch kann der Eintritt mit besonderen Riten wie einer Taufe verbunden sein. In der Regel wird der Eintritt dann z.B. in einem Kirchenbuch vermerkt. Die Religionsgemeinschaft muss den Eintritt nicht an die Behörden melden.

Austritt aus einer Religionsgemeinschaft. Der Austritt erfolgt nicht (!) gegenüber der Religionsgemeinschaft, sondern gegenüber den zuständigen staatlichen Behörden. Dies ist die jeweilige Bezirkshauptmannschaft, in Statutarstädten der Magistrat und in Wien das Magistratische Bezirksamt. Für die Wirksamkeit des Austritts ist es erforderlich, dass der Austretende die korrekten Angaben über seine bisherige Religionsgemeinschaft macht und die Behörde

Tipp

Bei Minderjährigen richtet sich die Verfahrensweise auch nach dem Alter des Kindes.

- **Bis zum 10. Geburtstag.** Die Religionszugehörigkeit wird durch die Eltern bestimmt.
- **Vom 10. bis zum 12. Geburtstag.** Das Kind muss bei der Entscheidung der Eltern angehört werden. Beim Austritt ist die Zustimmung beider Elternteile erforderlich.
- **Vom 12. bis zum 14. Geburtstag.** Ein Religionswechsel gegen den Willen des Kindes ist nicht möglich. Das Kind hat ein Einspruchsrecht, wenn die Eltern wollen, dass es aus der Religionsgemeinschaft austritt. Will es selbst austreten, braucht es die Zustimmung beider Elternteile.
- **Ab dem 14.Geburtstag.** Das Kind entscheidet selbst über seine Religionszugehörigkeit.

diese Austrittserklärung an die richtige Religionsgemeinschaft weiterleitet. Die Erklärung kann schriftlich oder auch mündlich erfolgen.

Wechsel der Religionsgemeinschaft. Bei einem Wechsel der Religionszugehörigkeit erfolgt zuerst der Austritt aus der bisherigen Gemeinschaft und erst anschließend der Eintritt in die neue Gemeinschaft. In der Zwischenzeit ist der Betreffende ohne Bekenntnis.

Organspende widersprechen

Viele Menschen sind schwer krank und benötigen für ihr Überleben oder ein möglichst menschenwürdiges Leben eine Organspende. Diese kommt zumeist von Verstorbenen, denen das für den Schwerstkranken lebensnotwendige Organ (beispielsweise Herz, Leber) nach dem ärztlich festgestellten Tod entnommen wird. Transplantationen und Organspenden werden seit dem 13. 12. 2012 im Organtransplantationsgesetz (OTPG) gesetzlich geregelt.

In Österreich dürfen einer verstorbenen Person Organe, Organteile oder Gewebe für Organspenden entnommen werden, falls sie sich nicht bereits zu Lebzeiten gegen dieses Vorgehen ausgesprochen hat (Widerspruchslösung). Dies gilt für alle Menschen, die sich in Österreich aufhalten, unabhängig von ihrer Staatsbürgerschaft und ihrem Lebensmittelpunkt.

Die Rechtslage ist auch innerhalb der Europäischen Union unterschiedlich

Möchte man selbst – aus welchen Gründen auch immer – nicht Organspender sein, so muss man den Widerspruch hierzu erklären und sollte diesen Willen in das Widerspruchsregister der Gesundheit Österreich GmbH eintragen lassen. Der Widerspruch (Formular siehe Adressen, ► Seite 136) ist auch für Kinder oder nicht geschäftsfähige Personen durch ihre gesetzlichen Vertreter möglich. Für Ärzte ist dieser Widerspruch bindend. Sie müssen vor einer Organentnahme im Widerspruchsregister nachsehen, ob sie die Organe einer verstorbenen Person entnehmen dürfen.

Laut Website der Gesundheit Österreich GmbH (siehe Adressen, ► Seite 136) werden neben dem offiziellen Eintrag in das Widerspruchsregister auch ein persönliches Schreiben bei den Ausweispapieren oder mündliche Aussagen gegenüber nahen Angehörigen respektiert. Dies ist insbesondere deshalb wichtig, da das Widerspruchsregister vorrangig für die österreichische Wohnbevölkerung mit (österreichischer) Sozialversicherungsnummer konzipiert wurde. Bekommen Sie häufig Besuch von Personen aus Staaten wie beispielsweise Deutschland mit einer Zustimmungslösung bezüglich Organspenden (der potenzielle Spender muss im Vorfeld explizit zugestimmt haben), dann sollten Sie diese auf die andersartige Lösung in Österreich hinweisen. Dies insbesondere dann, wenn Sie wissen, dass Ihr Gast Organspenden ablehnt. Es genügt dann der angesprochene Zettel mit der Ablehnung in der Brieftasche, damit die österreichischen Ärzte und Behörden über den Wunsch des Besuchers informiert werden.

Streit mittels Ombudsstellen kostenfrei schlichten

Unser Leben ist geregelt durch Verträge in unterschiedlichster Form, welche die gegenseitigen Rechte und Pflichten der Vertragspartner regeln. Und bei jedem Zusammentreffen von Rechten und Pflichten kann es auch zu unterschiedlichen Auffassungen und Streit kommen. Unter Einbeziehung z.B. einer Rechtsschutzversicherung kann dieser Streit vor Gericht ausgetragen werden. Aber es gibt auch die kostengünstige Einschaltung einer Ombuds- bzw. Streitschlichtungsstelle. Hierbei handelt es sich um keine Richter, sondern eher Lösungsvermittler, die bei der Streitschlichtung helfen. Sie sind also quasi ein Mittelweg zwischen Kapitulation und Klage.
Der Ombudsmann benötigt von Ihnen:

Ein Schlichtungsversuch als Mittelweg zwischen Kapitulation und Klage

- eine Darstellung des Sachverhalts aus Ihrer Sicht
- eine Nennung des Anspruchsgegners
- eine Nennung der aus Ihrer Sicht möglichen Lösung
- Kopien der relevanten Unterlagen

Tipp

Ombudsstellen können unabhängig sein und z.B. vom Staat bezahlt werden oder sie werden von den Anbietern wie Banken oder Versicherungen bezahlt. Prüfen Sie in jedem Fall, wie stark die Unabhängigkeit ist, damit Sie den Lösungsvorschlag besser einordnen können. Vor der Einschaltung einer Schlichtungsstelle sollten Sie zuerst selbst einen Klärungsversuch unternehmen.

Im Folgenden nennen wir Ihnen die wichtigsten Ombudsstellen. Weitere erfahren Sie möglicherweise über eine Recherche im Internet.

- **Strom und Gas.** https://www.e-control.at/schlichtungsstelle
- **Passagier- und Fluggastrechte.** www.apf.gv.at
- **Internet.** https://www.ombudsstelle.at/
- **Pensionsversicherung.** https://www.pv.at/cdscontent/?portal=pvaportal&contentid=10007.707769&viewmode=content
- **Unfallversicherung.** https://www.auva.at/cdscontent/?contentid=10007.862997&portal=auvaportal
- **Banken.** https://www.bankenverband.at/services/ombudsstelle/
- **Versicherungen.** https://www.vvo.at/vvo/vvo.nsf/syspages/informations_beschwerdestelle.html
- **Sozialversicherung.** https://www.sozialversicherung.at/cdscontent/?contentid=10007.820237&portal=svportal
- **BVAEB.** https://www.bvaeb.at/cdscontent/?contentid=10007.857477&portal=bvaebbportal
- **Patientenombudsmann**
  - **Wien.** https://www.patientenombudsmann-wien.at/kontakt/
  - **Niederösterreich.** https://www.arztnoe.at/fuer-patienten/patientenrecht/faqs-patientenbeschwerden
  - **Tirol.** https://www.tirol.gv.at/gesundheit-vorsorge/patientenvertretung/

- **Kärnten.** https://www.patientenanwalt-kaernten.at/ihr-anliegen/schlichtungsstellen
- **Oberösterreich.** https://www.aekooe.at/patienten/schiedsstelle
- **Salzburg.** https://www.salzburg.gv.at/themen/gesundheit/patientenvertretung
- **Steiermark.** https://www.patientenvertretung.steiermark.at/
- **Vorarlberg.** https://www.patientenanwalt-vbg.at/
- **Burgenland.** https://www.burgenland.at/service/landes-ombudsstelle/gesundheits-patientinnen-patienten-und-behindertenanwaltschaft-burgenland/schlichtungsstelle-bei-der-aerztekammer-burgenland/

Tipp

Die Einschaltung einer Ombudsstelle führt zu einer Unterbrechung der Verjährung, d.h. während eines Schlichtungsverfahrens wird die Verjährung in dieser Sache pausiert. Dies gilt jedoch nur dann, wenn die angerufene Schlichtungsstelle auch zuständig ist.

Mit dem gerichtlichen Mahnverfahren Zeit und Kosten sparen

Die Geltendmachung von Forderungen gegenüber Dritten mittels Gericht ist zumeist sehr zeitaufwendig, da beide Parteien zu schriftlichen Stellungnahmen aufgefordert werden und eine mündliche Verhandlung angesetzt wird.

Um hier in vielen Fällen zu einer Beschleunigung des Verfahrens und zu geringeren Kosten zu kommen, wurde die gerichtliche Mahnklage bzw. das gerichtliche Mahnverfahren geschaffen. Dieses ist jedoch auf Fälle beschränkt mit

- Geldforderungen
- Maximalbetrag von 75.000 Euro

Die Länge des Verfahrens hängt von der Reaktion der Gegenpartei ab

Bei der Mahnklage kann es zu einem stark vereinfachten Verfahren kommen. Nach Einreichung der Mahnklage stellt der zuständige Richter einen Zahlungsbefehl aus, ohne die Forderung inhaltlich zu prüfen. Der weitere Verlauf hängt dann vom Verhalten des Beklagten ab. Bezahlt dieser in der gesetzten Frist die Forderung nebst Nebenkosten (Zinsen, Gerichtskosten, Rechtsanwaltskosten), so ist die Klage hiermit erfolgreich erledigt und es kommt zu keinem weiteren Verfahren. Ist der Beklagte mit der Forderung nicht einverstanden und widerspricht innerhalb der gesetzten Frist, kommt es zu einem normalen Gerichtsverfahren. Widerspricht der Beklagte nicht, aber zahlt auch nicht, so wird das Urteil rechtskräftig und der Kläger kann einen Exekutionstitel beantragen und mittels Gerichtsvollzieher die Forderung eintreiben.

Tipp

Das Formular für die Mahnklage finden Sie unter https://justizonline.gv.at/jop/web/formulare. Eine Anwaltspflicht ist erst ab einem Streitwert von 5.000 Euro gegeben, d.h., bei einem geringeren Betrag könnte der Kläger auch auf einen Anwalt verzichten.

Geschenke widerrufen

Kann man einen Schenkungsvorgang eigentlich rückgängig machen? Die Antwort ist überraschend, unter bestimmten Umständen: ja. Wir geben einen Überblick über die Rechtslage.

Unter Undank verstehen Gesetzgeber und Bürger etwas anderes

Schenkung bei Undankbarkeit widerrufen. Das ist nach § 948 ABGB (Allgemeines bürgerliches Gesetzbuch) möglich. Allerdings versteht der Gesetzgeber unter „Undank" etwas ganz anderes als der Normalbürger. Der Normalbürger verbindet mit Undank z.B. Fremdgehen in der Partnerschaft, Abbruch des Kontaktes. Der Gesetzgeber hingegen spricht hier explizit Verletzungen von Leib, Ehre, Freiheit und Vermögen an, die gemäß dem Strafgesetzbuch verfolgt werden können. Die Hürde für einen Widerruf ist also schon sehr hoch gelegt.

Schenkung bei späterer Bedürftigkeit widerrufen. Bei späterer Bedürftigkeit können Sie zwar die Schenkung nicht in dem Sinne widerrufen, dass Sie die verschenkte Sache (Liegenschaft, Geld etc.) zurückfordern können. Sie haben jedoch in einem solchen Fall das Recht, vom Beschenkten Zinsen auf den Wert der Schenkung zu verlangen. Dies jedoch nur dann, wenn die geschenkte Sache oder ihr Gegenwert (z.B. Verkaufspreis des geschenkten Hauses) noch vorhanden ist. Haben Sie mehrere Geschenke an unterschiedliche Personen getätigt, so müssen Sie zuerst auf den zuletzt Beschenkten und erst danach auf die früher Beschenkten zugehen. Das gilt auch dann, wenn nach der Schenkung noch ein Kind geboren wurde und Schenker oder Kind in Not geraten. Hier haben sowohl Schenker als auch das (nachgeborene) Kind Anspruch auf die gesetzlichen Zinsen auf die Schenkung.

Schenkung durch unterhaltsberechtigte Person anfechten. Hier liegt der mögliche Fall vor, dass der Unterhaltsverpflichtete seine Vermögenslage durch Geschenke (an Frau, Freundin, Kinder) so verschlechtert, dass er den geschuldeten Unterhalt nicht mehr zahlen kann. Zwar kann der Unterhaltsberechtigte die Schenkung nicht widerrufen, der Unterhaltsberechtigte hat jedoch gegenüber der beschenkten Person einen Anspruch in Höhe seines Unterhalts, soweit dieser durch die Schenkung gedeckt ist

Schenkung durch Gläubiger anfechten. Gläubiger können alle Geschenke bis zu ihrem Anspruchsbetrag widerrufen, die während ihrer Gläubigerzeit gemacht wurden. Auf frühere Geschenke haben sie nur insofern Zugriff, als dass dem Geschenkgeber Hinterlist nachgewiesen werden kann. Ein Beispiel dafür wäre möglicherweise, dass der Geschenkgeber in Erwartung eines höheren Darlehens, für das die zu schenkende Sache nicht als Sicherheit vorgesehen ist, diesen Vermögensteil verschenkt und damit dem Zugriff der späteren Gläubiger bewusst entzieht.

Schenkung durch Sozialamt anfechten. Auch das Sozialamt kann in bestimmten Situationen eine Schenkung widerrufen. Zwar ist der sogenannte Pflegeregress (der Zugriff auch auf Geschenknehmer im Rahmen der Sozialhilfe zur Abdeckung von Pflegekosten) seit 2018 unzulässig. Allerdings bezieht sich diese Regelung nur auf die stationäre Pflege, nicht jedoch auf die häusliche Pflege (24-Stunden-Betreuung, Mobile Hilfsdienste). Vertragliche Ansprüche der Geschenkgeber, welche der Pflege dienen, können unter Umständen „automatisch" auf den Sozialhilfeträger übergehen, sodass dieser ein Widerspruchsrecht bei den Geschenken erhält.

Schenkung wegen Irrtum widerrufen. Wenn man sich vor dem Abschluss eines (Schenkungs-)Vertrages im Motiv geirrt hat, so kann man eine Schenkung wegen Motivirrtums anfechten. Voraussetzung ist, dass der Vertrag ohne diesen Irrtum nicht oder nicht in diesem Umfang abgeschlossen worden wäre. Eine Anfechtung aufgrund eines Motivirrtums muss immer auf zivilrechtlichem Weg eingeklagt werden. Dabei stellt sich natürlich die Frage, aus welchem Motiv eine Schenkung erfolgte. Hier kann es hilfreich sein, nicht nur einen schriftlichen Schenkungsvertrag zu erstellen, sondern auch die Motivation (z.B. Schenkung von Geld zum Kauf einer Eigentumswohnung) zu dokumentieren.

Schenkung durch Pflichtteilsberechtigte [(Ehe-)Partner, Kinder] anfechten. Pflichtteilsberechtigte haben Anspruch auf die Hälfte der gesetzlichen Erbquote. Wurde das Vermächtnis aufgrund von Schenkungen so weit verkürzt, dass die Pflichtteile verringert werden, so gibt es die Möglichkeit, (mit gewissen Ausnahmen) die rechnerische Hinzurechnung der Schenkung zur Verlassenschaft zu fordern, um auf Basis des erhöhten Wertes die Pflichtteile zu bestimmen. Bei einer Schenkung an eine pflichtteilsberechtigte Person gilt dies ohne zeitliche Einschränkung. Bei Schenkungen an eine nicht pflichtteilsberechtigte Person ist eine Rückforderung innerhalb von zwei Jahren möglich. Antragsberechtigt sind der (Ehe-)Partner und die Kinder, jedoch nur für die Zeit, in denen ihnen ein Pflichtteil zusteht. Neben den Pflichtteilsberechtigten sind auch Erben und Vermächtnisnehmer, sofern sie einen Beitrag zur Bezahlung der Pflichtteile leisten müssen, antragsberechtigt.

Nicht jeder kann Verlobungsgeschenke zurückfordern

Verlobungsgeschenke zurückfordern. Verlobte machen einander häufig vor der Heirat Geschenke, die auch größere finanzielle oder ideelle Werte darstellen können. Zu denken ist dabei u.a. an Familienschmuck, Bilder, Verlobungsringe. Und auch von Dritten wie den Eltern der Verlobten können anlässlich der Verlobung teure Geschenke gemacht werden. Die Rückgabe von Verlobungsgeschenken ist in § 1247 ABGB geregelt. Diese Regelung besagt zuerst einmal, dass Geschenke unter (Ehe-)Partnern in der Regel nicht zurückgefordert werden können. Bei einer Lösung der Verlobung können Geschenke jedoch zurückverlangt werden, sofern der Geschenkgeber nicht für die Auflösung der Verlobung verantwortlich ist. Kommt also eine Verlobung wegen Fehltritten des Verlobten nicht zu Stande, so kann er als Schenker seine Geschenke nicht zurückverlangen.

Behindertenpass beantragen

Altern bedeutet auch Einschränkungen im Bewegungsapparat, der Seh- und Hörfähigkeit etc. In vielen Fällen stellt sich daher auch die Frage nach einer Behinderung. Der sogenannte Behindertenpass ist oftmals die Voraussetzung für besondere finanzielle Unterstützungen wie z.B. Steuererleichterungen (pauschale Freibeträge bei Behinderung, Freibeträge bei eigener Behinderung).

Anspruch auf einen Behindertenpass haben in Österreich wohnende Personen mit einem Grad der Behinderung oder einer Minderung der Erwerbsfähigkeit von mindestens 50 Prozent. Der Pass wird vom Sozialministeriumservice herausgegeben.

Die Antragstellung ist auch online möglich, hierzu benötigen Sie dann eine Bürgerkarte oder Handysignatur. An Unterlagen benötigen Sie:

- ein farbiges EU-Passbild nach den geltenden ICAO-Vorschriften
- aktuelle medizinische Unterlagen z.B. Befunde in Kopie
- Meldezettel in Kopie

Der Antrag und die Ausstellung des Behindertenpasses sind kostenlos. Sofern noch kein Grad der Behinderung oder Erwerbsminderung festgestellt wurde, erfolgt dies aufgrund der aktuellen medizinischen Unterlagen durch die ärztlichen Sachverständigen beim Sozialministeriumservice.

Tipp

Im Behindertenpass können auch Zusatzeinträge vorgenommen werden:

- Unzumutbarkeit der Benützung öffentlicher Verkehrsmittel (wegen dauerhafter Einschränkung der Mobilität)
- Fahrpreisermäßigung nach dem Bundesbehindertengesetz
- Bedarf einer Begleitperson
- Notwendigkeit eines Rollstuhls
- schwere Hörbehinderung
- Gehörlosigkeit
- hochgradige Sehbehinderung
- Blindheit
- Taubblindheit
- Notwendigkeit eines Assistenzhundes (Blindenführ-, Service- oder Signalhund)
- Notwendigkeit von Krankendiätverpflegung

Diese Zusatzeinträge sind Voraussetzung für spezielle Hilfsangebote wie eine kostenfrei mitfahrende Begleitperson. Achten Sie daher auf vollständige Einträge aller Bedürfnisse von Ihnen.

Den Antrag zur Ausstellung eines Behindertenpasses finden Sie unter https://www.sozialministeriumservice.at/Menschen_mit_Behinderung/Behindertenpass_und_Parkausweis/Behindertenpass/Behindertenpass.de.html.

Wohnadresse von Personen finden

Wie finde ich meine Klassenkameraden nach 30 Jahren wieder?

Sie suchen die aktuelle Wohnadresse von früheren Mitschülern, Ihrem Schuldner oder von Bekannten? Dann können Sie eine Meldeauskunft über den Hauptwohnsitz beantragen. Generell gilt, dass nur Auskunft über den Hauptwohnsitz erteilt wird. Verfügt eine gesuchte Person über keinen aufrechten Hauptwohnsitz, so wird Auskunft über den zuletzt abgemeldeten Hauptwohnsitz erteilt. Über weitere Wohnsitze (Nebenwohnsitze) wird hingegen normalerweise keine Auskunft gegeben. Eine Auskunft über die Geburtsdaten wird nur Suchenden gegeben, die einen Exekutionstitel gegen den Gesuchten haben. Für eine Suche benötigen Sie

- den Vor- und Zunamen der gesuchten Person
- ein zusätzliches Merkmal wie das Geburtsdatum, Geburtsort, Staatsangehörigkeit oder frühere Adresse

Zuständige Stelle ist die Meldebehörde. Dies ist das Gemeindeamt, in Statutarstädten das Magistrat und in Wien das Magistratische Bezirksamt. Die Auskunft kann persönlich, schriftlich und über das Internet erlangt werden. Für die persönliche Beauskunftung benötigen Sie einen amtlichen Lichtbildausweis, für die schriftliche Beauskunftung eine beglaubigte Kopie des Ausweisdokuments und für die Abfrage über das Internet eine Handysignatur, Bürgerkarte, ID Austria oder EU Login. Die Beauskunftung im Internet erfolgt über www.oesterreich.gv.at.

Die Kosten sind überschaubar. Für den Antrag sind nur beim schriftlichen Verfahren 14,30 Euro fällig. Die Auskunft aus dem Melderegister kostet 2,10 Euro, die Auskunft aus dem zentralen Melderegister (ZMR) 3,30 Euro. Diese sind auch dann fällig, wenn die Suche zu keinem Ergebnis kommt, da der Gesuchte seine Meldepflichten nicht einhält.

Tipp

Es besteht die Möglichkeit, einen Antrag auf Auskunftssperre zu stellen. Hierfür muss ein schutzwürdiges Interesse glaubhaft gemacht werden. Es ist gegeben z.B. bei begründeter Sorge vor Racheakten oder Fällen von Inkognitoadoptionen. Bei Bestehen einer Auskunftssperre wird keine Meldeauskunft erteilt.

Kostenvoranschläge verstehen

Viele Rechnungen z.B. von Handwerkern können je nach Arbeit durchaus nennenswerte Höhen erreichen. Da ist es zweckmäßig, sich einen Kostenvoranschlag geben zu lassen. Aber was ist hierbei zu beachten?

Wir unterscheiden zwischen verbindlichen und unverbindlichen Kostenvoranschlägen. Zwischen Unternehmern wird in der Regel ein unverbindlicher Kostenvoranschlag vereinbart. Gegenüber Konsumenten ist hingegen von einem verbindlichen Kostenvoranschlag auszugehen, wenn nichts anderes vereinbart wurde.

Verbindlicher Kostenvoranschlag. Bei einem verbindlichen Kostenvoranschlag hat der Auftragnehmer Anrecht auf den vereinbarten Preis. Hatte er geringere Aufwände, so steht ihm dennoch der vereinbarte Preis zu. Bei höheren Kosten kann er diese jedoch auch nicht an den Auftraggeber weiterverrechnen.

Warnpflicht bei beträchtlicher Kostenerhöhung

Unverbindlicher Kostenvoranschlag. Bei einem unverbindlichen Kostenvoranschlag muss der Auftragnehmer unverzüglich warnen, sobald sich eine beträchtliche Kostenerhöhung abzeichnet. Hierbei handelt es sich um eine Kostenüberschreitung von zumindest 10 bis 15 Prozent. Unterhalb dieser Schwelle ist keine Warnung erforderlich und der Kunde muss die erhöhten Kosten bezahlen. Die Warnung muss möglichst konkret sein und die Erhöhung entweder beziffern oder zumindest als „beträchtlich" bezeichnen. Unterlässt der Auftragnehmer diese Warnung, so kann er sich später nicht mehr auf die Mehrkosten berufen. Sofern der Kunde korrekt über die beträchtliche Kostensteigerung informiert wurde, hat er ein Wahlrecht:

- Er kann die Kostenüberschreitung akzeptieren.
- Er kann vom Vertrag zurücktreten, muss jedoch bereits geleistete Arbeiten angemessen bezahlen.

Tipp

Eine Warnung vor drohenden Mehrkosten ist dann nicht erforderlich, wenn der Grund der Kostenerhöhung in Umständen des Auftraggebers liegt, z.B. bei nachträglichen Änderungs- oder Ergänzungswünschen. Hier ist es für den Auftraggeber wichtig, auch für die gewünschten Änderungen nach dem (verbindlichen) Preis zu fragen, da er ansonsten die Mehrkosten in vorher unbestimmter Höhe selbst tragen muss.

Arbeit

Arbeiten müssen wir alle, um unseren Lebensunterhalt zu verdienen. Aber es gibt auch sinnvolle Gestaltungsspielräume, z.B. um mit anerkannten Bildungsmaßnahmen die eigene Qualifikation zu verbessern oder durch geschickte Vereinbarungen mit dem Arbeitgeber mehr Netto von Brutto zu erhalten.

Strafregisterbescheinigung beantragen und verbessern

Für viele Tätigkeiten und Berufe (z.B. Aufnahme am Kassenschalter einer Bank oder in ein Sicherheits- oder Bewachungsunternehmen) ist die Vorlage einer aktuellen Strafregisterbescheinigung (auch: Leumunds-, Führungs-, Sittenzeugnis oder sogenanntes polizeiliches Führungszeugnis) erforderlich. Die Bescheinigung darf in den meisten Fällen nicht älter als drei Monate sein und zeigt auf, ob es in der Vergangenheit in das Strafregister eingetragene Verurteilungen gab. Neben der allgemeinen Strafregisterbescheinigung gibt es:

- seit 2014 die spezielle „Strafregisterbescheinigung Kinder- und Jugendfürsorge"
- seit 2020 die spezielle „Strafregisterbescheinigung Pflege und Betreuung"

Während die allgemeine Strafregisterbescheinigung nur von einem persönlich (auch online) beantragt werden kann, ist für die speziellen Bescheinigungen zusätzlich der Antrag des Arbeitgebers erforderlich.

Die allgemeine Strafregisterbescheinigung kann auch online mittels Bürgerkarte bzw. Handysignatur beantragt werden (https://citizen.bmi.gv.at/at.gv.bmi.fnsweb-p/srb/public/StrafregisterAntragInfo). Zuständig ansonsten sind:

- In Städten mit Landespolizeidirektion bzw. Polizeikommissariat: die Landespolizeidirektion bzw. das Polizeikommissariat (in Wien: das Polizeikommissariat)
- In Städten ohne Landespolizeidirektion und in Städten oder Gemeinden ohne Polizeikommissariat: der Bürgermeister
  - in den Statutarstädten Krems und Waidhofen/Ybbs: der Magistrat
  - für die Statutarstadt Rust: die Landespolizeidirektion Burgenland als Sicherheitsbehörde 1. Instanz für das Gebiet der Gemeinde Rust
- Im Ausland: die österreichische Vertretungsbehörde

Erforderliche Unterlagen sind:

- Amtlicher Lichtbildausweis (Identitätsnachweis; für Angehörige eines anderen EU-Mitgliedstaates, die die Einholung von Informationen aus diesem Staat verlangen: Nachweis der Staatsangehörigkeit/en – z.B. durch Reisepass oder Personalausweis)

Tipp

Mit Ablauf der Tilgungsfrist, die von der Art und Schwere des Verbrechens anhängig ist, erscheinen die Verurteilungen nicht mehr in der Strafregisterbescheinigung. Allerdings können aufscheinende Verurteilungen natürlich eine negative Auswirkung auf die Arbeitsplatzsuche haben. Es gibt daher die Möglichkeit, eine Beschränkung der Auskunftspflicht auf dem Gnadenweg vorzunehmen. Hierfür ist zumeist der Ablauf der halben Tilgungsfrist erforderlich. Ansprechpartner ist das Bundesministerium der Justiz. Der Antrag ist formfrei, sollte jedoch folgende Angaben enthalten:

Der Gnadenweg setzt eine Gnadenwürdigkeit voraus

- Vor- und Familienname
- Geburtsdatum und Geburtsort
- Adresse
- Gericht, Aktenzeichen und Datum der Entscheidung(en), auf die sich das Gnadengesuch bezieht
- Angabe des Gnadengrundes (z.B. Erlangung neuen Arbeitsplatzes)
- Angabe der Gnadenwürdigkeit (positives Verhalten seit Tatbegehung)

- Zum Nachweis früher geführter Namen (die im Antrag jedenfalls anzuführen sind): z.B. Geburtsurkunde, Heiratsurkunde, Scheidungsurkunde, Adoptionsurkunde
- Bei Antragstellung oder Abholung durch eine andere Person: Vollmacht
- Für eine „Strafregisterbescheinigung Kinder- und Jugendfürsorge" bzw. „Strafregisterbescheinigung Pflege und Betreuung" zusätzlich: vollständig ausgefüllte und vom (künftigen oder aktuellen) Dienstgeber bzw. der Organisation unterschriebene Bestätigung

Für ein Studium bewerben

Das österreichische Bildungssystem umfasst drei Hauptarten von Hochschuleinrichtungen, die für ein Studium in Frage kommen: Universitäten (Gesamtuniversitäten, Kunstuniversitäten und Privatuniversitäten), Fachhochschulen (FH) und Pädagogische Hochschulen. Für einzelne Studienrichtungen wie z.B. Medizin, Regie oder Schauspiel können besondere Aufnahmeregeln bestehen, über die sich ein Studienanfänger bereits im Vorfeld informieren sollte.

Die Anmeldung zum Studium muss beim Wintersemester bis zum 5. September und bis zum 5. Februar für das Sommersemester erfolgen. In bestimmten Ausnahmefällen ist eine Einschreibung mit einer Nachfrist bis zum 30. November (Wintersemester) bzw. 30. April (Sommersemester) möglich.

Tipp

Für Universitätsstudien mit Aufnahmeverfahren, besonderen Aufnahmeregelungen oder Eignungstests gelten zum Teil andere Fristen, ebenso für Studien an Fachhochschulen oder Pädagogischen Hochschulen. Der Interessent sollte sich immer auf der Website der gewünschten Hochschule über die Zugangsvoraussetzungen zu einem Studiengang und die Einschreibefristen informieren.

Eine Studienberechtigungsprüfung ersetzt die Matura

Die Voraussetzungen für ein Studium sind je Hochschuleinrichtung unterschiedlich. Generell zählt hierzu die Matura, die jedoch auch durch eine Studienberechtigungsprüfung mit einer eingeschränkten Studienberechtigung ersetzt werden kann. Hierzu sind ein Lebensalter von 20 Jahren, gute Deutschkenntnisse und eine Vorbildung für das angestrebte Studium, die über das Wissen der allgemeinen Schulpflicht hinausgeht, erforderlich. Es können Studiengebühren anfallen, es können aber auch finanzielle Förderungen in Anspruch genommen werden.

Informationsquellen zum Studium

- **OeAD (Österreichische Austauschdienst).** www.studyinaustria.at
- **Bundesministerium für Bildung.** https://studiversum.at/ https://www.studienwahl.at/
- **Arbeiterkammer.** www.arbeiterkammer.at > Bundesland > Studium
- **Österreichische Hochschüler_innenschaft.** www.oeh.ac.at
- **UNI Media Services – B. Leitner.** www.uni.at

Bildungskarenz nutzen

Unter Karenz versteht man den Anspruch auf Freistellung von der Arbeitsleistung gegen Entfall des Arbeitsentgelts, im Fall von Bildungskarenz erfolgt die Freistellung zur Bildung des Arbeitnehmers. Im Arbeitsvertragsrechts-Anpassungsgesetz (AVRAG) wird geregelt, wie eine Bildungskarenz zwischen Arbeitgeber und Arbeitnehmer vereinbart werden kann. Hierbei handelt es sich nicht um einen Anspruch auf Bildungskarenz, jedoch um eine Regelung der Rechte und Pflichten beim Vereinbaren einer Bildungskarenz. Hierzu gehört auch ein möglicher Anspruch auf Arbeitslosengeld.

Bei der Bildungskarenz werden Sie für die Dauer der Weiterbildung von der Arbeit freigestellt, d.h. Sie kündigen nicht Ihr Arbeitsverhältnis und können Ihre Arbeit nach Abschluss der Bildungskarenz fortführen. Sie erhalten während der Bildungskarenz jedoch keinen Lohn bzw. kein Gehalt. Es ist aber unter Einhaltung bestimmter Voraussetzungen eine Förderung durch das AMS (Arbeitsmarktservice) mit einem Weiterbildungsgeld möglich. Dieses Weiterbildungsgeld entspricht der Höhe des Arbeitslosengelds, jedoch zumindest dem täglichen Mindestbetrag. Der Arbeitnehmer muss zuerst einmal die persönliche Voraussetzung erfüllen:

Eine Rückkehr an den Arbeitsplatz ist nach der Weiterbildung möglich

- Tätigkeit von zumindest sechs Monaten in einem Beschäftigungsverhältnis mit Pflicht zur Arbeitslosenversicherung.
- Bei einer Bildungskarenz für Saisonarbeitskräfte oder im Anschluss an eine Elternkarenz ist diese Bedingung zwar nicht erfüllt, es gibt jedoch Sonderregelungen. Diese kann Ihnen der Berater beim AMS (Arbeitsmarktservice) nennen.

Zusätzlich sind Bedingungen an die Fortbildungsmaßnahme zu erfüllen:

- Es handelt sich um eine Aus- und Weiterbildung im In- und Ausland mit beruflichem Bezug – z.B. Fremdsprachen- oder fachliche Schulungen. Daneben werden auch Schul- oder Studien-Abschlüsse unterstützt.
- Die praktische Ausbildung findet nicht beim bisherigen Arbeitgeber statt.
- Die Maßnahme muss mindestens zwei Monate und darf maximal zwölf Monate dauern. Es ist nur eine Bildungskarenz in vier Jahren zulässig.
- Die Weiterbildung umfasst zumindest 20 Wochenstunden. Diese verringert sich auf 16 Wochenstunden, falls ein betreuungspflichtiges Kind vorhanden ist und keine längere Betreuungsmöglichkeit gegeben ist.
- Bei einem Studium sind zumindest Prüfungen aus Pflicht- und Wahlfächern im Ausmaß von vier Semesterwochenstunden bzw. acht ECTS-Punkten nachzuweisen oder ein Bildungsabschluss.

Tipp

Sie können während der Weiterbildung geringfügig beschäftigt sein, auch beim Träger der Weiterbildung. Das Entgelt ist hierbei auf das 1,5-Fache der Geringfügigkeitsgrenze beschränkt. Während des Bezugs von Weiterbildungsgeld

- sind Sie kranken-, unfall- und pensionsversichert
- haben Sie keinen besonderen Kündigungsschutz
- haben Sie keinen Anspruch auf Sonderzahlungen, wie etwa Weihnachts- oder Urlaubsgeld
- verkürzt sich Ihr Urlaubsanspruch anteilig

Die Vereinbarung über eine Bildungskarenz schließen Sie mit Ihrem Arbeitgeber, die Beantragung des Weiterbildungsgelds erfolgt beim AMS.

Bildungsteilzeit nutzen

Die Bildungsteilzeit ist der Bildungskarenz in den Regelungen sehr ähnlich, sodass wir uns hier auf die Unterschiede konzentrieren:

- Sie arbeiten weiterhin für Ihren bisherigen Arbeitgeber, jedoch nur in Teilzeit. Die wöchentliche Normalarbeitszeit wird um 25–50 Prozent gekürzt.
- Sie arbeiten weiterhin mindestens 10 Stunden pro Woche.
- Sie nutzen mindestens 10 Stunden pro Woche für Ihre Aus- oder Weiterbildung.
- Die Bildungsteilzeit dauert mindestens 4 Monate, maximal 24 Monate.
- Die Bildungsteilzeit muss innerhalb von 4 Jahren konsumiert werden – dies muss nicht in einem Stück geschehen. Jedoch muss jeder der Teile zumindest vier Monate umfassen.

Bei der Bildungsteilzeit gibt es zusätzliche Anforderungen an den Arbeitgeber:

- **Bei Unternehmen mit bis zu 50 Personen.** Es dürfen maximal vier Arbeitskräfte in Bildungsteilzeit gehen.
- **Bei Unternehmen mit mehr als 50 Personen.** Es dürfen maximal acht Prozent der Belegschaft in Bildungsteilzeit gehen.

Tipp

Bei der Frage, ob Sie möglicherweise Anspruch auf Bildungsteilzeitgeld haben, hilft der Online-Ratgeber des AMS unter https://www.amsratgeber.at/ratgeber-arbeitsuchende/bildungsteilzeit/

Eine Kombination von Bildungskarenz und Bildungsteilzeit ist möglich

Die Kombination von Bildungskarenz und Bildungsteilzeit ist möglich. Hierbei entspricht ein Tag Bildungskarenz zwei Tagen Bildungsteilzeit. Ein Wechsel zwischen Bildungskarenz und Bildungsteilzeit ist nur einmalig beim gleichen Unternehmen möglich.

Die Vereinbarung über eine Bildungskarenz schließen Sie mit Ihrem Arbeitgeber, die Beantragung des Weiterbildungsgelds erfolgt beim AMS. Insbesondere bei der Kombination sollten Sie vorher eine Beratung beim AMS in Anspruch nehmen.

Richtig krank- und gesundmelden

Während einer Krankheit hat der Arbeitnehmer einen gesetzlichen Anspruch auf Fortzahlung seines Lohns bzw. Gehalts. Dies umfasst auch das Entgelt für regelmäßige Überstunden und Zulagen. Voraussetzung ist, dass der Arbeitnehmer die Regelungen bei der Krankmeldung einhält. Es lohnt daher, auf die Vermeidung von Fehlern zu achten.

Zuerst einmal muss der Arbeitnehmer den Arbeitgeber unverzüglich, d.h. ohne schuldhaftes Verzögern, über seine Arbeitsunfähigkeit informieren. Dies geschieht am besten mittels Anruf oder einem schnellen Kommunikationsmittel wie E-Mail. Die konkrete Krankheit muss hierbei nicht genannt werden. Es ist zu beachten, dass die Arbeitsunfähigkeit erst mit dem Tag beginnt, an dem sie ärztlich festgestellt wird. Im unmittelbaren zeitlichen Zusammenhang mit der Krankmeldung beim Arbeitgeber sollte daher ein Arzt konsultiert und um eine Arbeitsunfähigkeitsbescheinigung gebeten werden. Die Bescheinigung kann der Arbeitgeber ab dem ersten Tag des Krankenstands verlangen, auch wenn dies in der Praxis oft erst ab dem vierten Tag der Fall ist.

Während der Krankheit muss der Arbeitnehmer alles unternehmen, was für die Wiedererlangung der Arbeitsfähigkeit geboten ist. Und alles unterlassen, was einer Genesung im Wege stehen könnte. Verreisen oder das Feiern von Partys werden hierbei kaum im Einklang mit der Wiederherstellung der Arbeitsfähigkeit stehen. Dies ist jedoch auch vom Beruf und der Erkrankung abhängig: Eine Friseurin mit gebrochener Hand ist nicht arbeitsfähig, kann jedoch dennoch am normalen Leben teilnehmen. Fragen Sie hierzu Ihren Arzt.

Der Arbeitnehmer hat einen Anspruch auf Entgeltfortzahlung bei Krankheit für den Zeitraum von sechs Wochen, im Falle eines Arbeitsunfalls sogar von acht Wochen. In Abhängigkeit von der Dauer des Arbeitsverhältnisses kommt es zu einer Verlängerung des Anspruchs auf Entgeltfortzahlung (z.B. 10 Wochen bei einem Arbeitsverhältnis von zumindest 15 Jahren). Nach der Entgeltfortzahlung durch den Arbeitgeber zahlt die jeweils zuständige Sozialversicherung Krankengeld. Dieses wird für bis zu 26 Wochen bezahlt. Sofern der Kranke zumindest zwölf Monate vor der Krankheit krankenversicherungspflichtig war, erhöht sich die Bezugsdauer von Krankengelt auf 52 Wochen.

Die Krankheit endet erst mit der Gesundmeldung

Die Krankheit endet nicht mit der Wiederaufnahme der Arbeit beim Arbeitgeber. Vielmehr ist hierfür eine Gesundmeldung bei der zuständigen Krankenkasse erforderlich, die in der Regel vom behandelnden Arzt durchgeführt wird. Es ist jedoch auch möglich, sich selbst bei der Krankenkasse gesund zu melden. In diesem Fall kann die Krankenkasse Behandlungsnachweise anfordern.

Tipp

Die Gesundmeldung bei der Österreichischen Gesundheitskasse finden Sie unter https://www.gesundheitskasse.at/gesundmeldung/?contentid=10007.870658&portal=oegkportal
Bei anderen Krankenkassen geben Sie auf der jeweiligen Website den Begriff „Gesundmeldung" ins Feld für die Suche ein.

Fachkräftestipendium beantragen

In Österreich fehlen in bestimmten Bereichen Fachkräfte. Damit dies besser wird, werden vom Arbeitsmarktservice (AMS) Ausbildungen in Bereichen mit Fachkräftemangel gefördert. Bei Erfüllung aller Voraussetzungen gibt das AMS ein Stipendium für die Aus- und Weiterbildung. Gefördert werden Ausbildungen in folgenden Bereichen:

- MINT (Mathematik, Informatik, Naturwissenschaften und Technik)
- Gesundheit, Pflege und Sozialberufe

Voraussetzung hierbei ist, dass die Ausbildungen

- spätestens am 31.12.2023 beginnen
- Ihnen einen Abschluss ermöglichen
- in Branchen erfolgen, in denen Fachkräfte fehlen

Neben den an die Ausbildungen gestellten Bedingungen gelten auch für Sie bestimmte Voraussetzungen. Sie haben Anspruch auf das Stipendium, wenn Sie

- arbeitslos sind,
- wegen der geplanten Ausbildung karenziert sind oder
- selbstständig sind, aber Ihr Gewerbe ruhend gemeldet haben.

Weitere Voraussetzungen:

Die Voraussetzungen für das Stipendium sind klar geregelt

- Sie waren in den letzten 15 Jahren mindestens 4 Jahre beschäftigt,
- Sie haben keinen Abschluss einer Fachhochschule, pädagogischen Hochschule oder Universität und
- Sie erfüllen die Voraussetzungen für die Ausbildung.
- Die Ausbildung muss mindestens 3 Monate dauern und 20 Wochenstunden über die gesamte Ausbildungsdauer umfassen.
- Studien an Universitäten oder Fachhochschulen werden mit dem Fachkräftestipendium nicht gefördert.

Das Fachkräftestipendium wird für maximal drei Jahre gewährt und wird in Höhe des Arbeitslosengelds oder der Notstandshilfe ausgezahlt. Was nicht ganz unwesentlich ist: das Stipendium umfasst auch die Kranken-, Unfall- und Pensionsversicherung. Beantragt wird es beim AMS, die Beantragung muss frühestens drei Monate, jedoch spätestens einen Tag vor Beginn der Ausbildung erfolgen.

Steuerfreie Sach- statt Geldbezüge vereinbaren

Im Normalfall werden Arbeitnehmer mit Geld bezahlt. Die Entlohnung kann jedoch auch (zumindest teilweise) in Form von Sachleistungen (sogenannte Sachbezüge) erfolgen. Dabei kann es sich sowohl um regelmäßige als auch um gelegentliche Sachbezüge handeln.

Einige der Sachbezüge sind ganz oder teilweise steuerfrei! Für Arbeitgeber und Arbeitnehmer bietet dies die Möglichkeit einer „Win-win"-Situation. Für die gleichen Kosten wie beim zu versteuernden Arbeitsentgelt kommt beim Arbeitnehmer mehr an geldwerter Leistung an! Beispiele für eine Steuerbefreiung:

- Geschenke bis zu 186 Euro im Rahmen von Betriebsveranstaltungen sowie zusätzlich Dienst-/Firmenjubiläum
- Betriebsausflüge bis zu 365 Euro im Jahr
- Verpflegung am Arbeitsplatz (8 Euro/Tag, auch für Außendienstmitarbeiter)
- Essensgutscheine für nicht direkt konsumierte Lebensmittel (2 Euro je Arbeitstag)
- kostenloses Jobticket für Fahrten zwischen Wohnung und Arbeitsort, auch für Mitarbeiter ohne Pendlerpauschale
- Zuschuss von bis zu 1.000 Euro zur Betreuung von Kindern unter 10 Jahren (Formular L35)
- Aufladung von arbeitnehmereigenem Fahrzeug, sofern es Gratis-E-Ladestationen am Ort gibt

- kostenloses Gehaltskonto bei Bankmitarbeitern, sofern das Konto beim Arbeitgeber im überwiegenden Interesse des Arbeitgebers ist
- Mitarbeiterbeteiligungen von bis zu 3.000 Euro am Unternehmenskapital, wobei eine Haltefrist von fünf Jahren zu beachten ist
- Mitarbeiterbeteiligung von bis zu 3.000 Euro am Unternehmensgewinn
- Privat-Mitbenutzung eines Firmen-PKW mit E-Antrieb
- Zukunftssicherung in Höhe von bis zu 25 Euro im Monat (300 Euro im Jahr) zur Absicherung gegen Krankheit, Invalidität, Alter oder Tod
- Nutzung eines Betriebskindergartens oder einer Betriebssportanlage

Tipp

Werden z.B. die Geschenke in Form einer Geldzahlung getätigt, so liegen keine Sachleistungen, sondern steuerpflichtiger Arbeitslohn vor. Besser – da steuerfrei – sind Geschenke in Form von Gutscheinen!

Steuerarme Sachbezüge vereinbaren

Weitere Sachbezüge können vom Gesetzgeber auch dadurch gefördert werden, dass sie zu einer geringeren Steuerbelastung führen. Auch hier profitiert der Arbeitnehmer durch die geringere Steuerzahlung mehr als durch eine rein finanzielle Zuwendung des Arbeitgebers.

Mitarbeiterrabatte. Mitarbeiterrabatte bis maximal 20 Prozent sind seit 2016 steuerfrei (Freigrenze). Wenn ein gewährter Rabatt 20 Prozent übersteigt, ist dieser im Gesamtausmaß von 1.000 Euro jährlich steuerfrei (Freibetrag). Das Über- oder Unterschreiten der betragsmäßigen Begrenzung ist vom Arbeitgeber zu dokumentieren und zu überprüfen. Der Arbeitgeber hat somit sämtliche einem Mitarbeiter gewährten Rabatte, die 20 Prozent übersteigen, im Kalenderjahr aufzuzeichnen. Die Begünstigung kommt auch dann zur Anwendung, wenn der Rabatt nicht unmittelbar vom Arbeitgeber, sondern von einem mit dem Arbeitgeber verbundenen Konzernunternehmen gewährt wird.

Sachbezüge sind immer ein gutes Thema für Gehaltsgespräche

Gratis-E-Ladestationen. Gestattet der Arbeitgeber dem Arbeitnehmer die kostenlose Aufladung von Elektro-Fahrzeugen, so liegt dann ein steuerpflichtiger Sachbezug vor, wenn am Verbrauchsort keine oder nur kostenpflichtige E-Ladestationen existieren.

Sachbezug Kfz-Abstell- oder Garagenplatz. Wird dem Arbeitnehmer während der Arbeitszeit ein Kfz-Abstellplatz oder Garagenplatz für den eigenen Pkw in einer sogenannten Parkraumbewirtschaftungszone („blaue Zone") bereitgestellt, so bewertet das Finanzamt diesen Parkplatz mit einem Wert von 14,53 Euro im Monat. Zahlt der Arbeitnehmer dem Arbeitgeber zumindest diesen Betrag, so liegt kein Sachbezug vor. Bei einer kostenlosen Überlassung werden hingegen 14,53 Euro als steuerpflichtiger Sachbezug angenommen.

Sachbezug Dienstwohnung. Wird dem Arbeitnehmer eine kostenlose oder verbilligte Dienstwohnung zur Verfügung gestellt, so ist auch dieser Vorteil als Arbeitslohn zu versteuern. Als Vergleichsmaßstab wird der Mietrichtwert des entsprechenden Bundeslandes herangezogen. Es können folgende Abschläge vorgenommen werden:

- 25 Prozent, wenn die Betriebskosten vom Dienstnehmer getragen werden, und/oder
- 30 Prozent, wenn die Dienstwohnung von der Ausstattung her keine mietrechtliche Normwohnung ist, und/oder
- 35 Prozent, wenn es sich um eine Dienstwohnung für Hausbesorger, Hausbetreuer oder Portiere handelt und diese Tätigkeit überwiegend ausgeübt wird.

Die Abschläge können nicht addiert werden, sondern sind in beliebiger Reihenfolge nacheinander zu berechnen. Dienstwohnungen bis 30 m^2 sind steuerfrei, sofern es sich um eine arbeitsplatznahe Wohnung handelt, die nicht den Mittelpunkt der Lebensinteressen des Dienstnehmers darstellt. Wird die Wohnung vom Arbeitgeber für den Arbeitnehmer angemietet, so wird als Sachbezug die real bezahlte Miete inklusive der Nebenkosten angenommen. Es kann jedoch ein Abschlag von 25 Prozent vorgenommen werden.

Sachbezug Gehaltsvorschuss und Arbeitgeberdarlehen. Siehe hierzu den Abschnitt „Geld vom Arbeitgeber leihen" (siehe unten)

Geld vom Arbeitgeber leihen

Sie haben in der Vergangenheit eine Wohnung oder ein Haus gekauft oder haben dies noch vor. Und natürlich reichte das Eigenkapital nicht aus und musste ein Bankkredit aufgenommen werden. In Anbetracht des starken Zinsanstiegs vielleicht ein Problem. Aber möglicherweise kann Ihnen eine Umschuldung eines Teilbetrages hier zumindest etwas helfen.

Mit dem Arbeitgeber lassen sich Bankzinsen sparen

Einige Arbeitgeber bieten ihren Mitarbeitern die Möglichkeit eines Gehaltsvorschusses oder eines zinslosen oder zinsverbilligten Arbeitgeberdarlehens. Hier hat der Gesetzgeber festgelegt, dass der Vorteil daraus bis zu einer Kredithöhe von 7.300 Euro steuerfrei ist. Beträgt der Kredit mehr als diese 7.300 Euro, so ist der Zinsvorteil auf den übersteigenden Kreditbetrag zu versteuern. Der für den Vergleich erforderliche Marktzinssatz wird vom Finanzamt nach folgender Formel gerechnet: Der durchschnittliche 12-Monats-EURIBOR (Berechnungsperiode vom 1. Oktober bis 30. September) wird um 0,75 Prozentpunkte erhöht und dann kaufmännisch auf einen halben Prozentpunkt gerundet.

Beispiel

Kredit.	20.000 Euro
Freibetrag.	7.300 Euro
Basis für Sachbezug.	12.700 Euro
Vergleichszinssatz.	0,5 % (statt Bankzinssatz 4 %)
Zinssatz Arbeitgeber.	0,3 %
Zinsvorteil.	0,2 %
Sachbezug.	(12.700 Euro/100) × 0,2 = 25,40 Euro im Jahr

Das zu versteuernde Einkommen steigt also in diesem Fall um 25,40 Euro, d.h., der Arbeitnehmer hat bei einem angenommenen Steuersatz von 50 Prozent 12,70 Euro an Steuern zu bezahlen. An den Arbeitgeber sind zusätzlich 0,3 Prozent Zinsen auf den Kreditbetrag von 20.000 Euro fällig, dies sind 60 Euro im Jahr. Statt bei 4 Prozent Bankzinsen immerhin 800 Euro an Zinsen zu bezahlen, beträgt die Belastung für den Arbeitnehmer jetzt nur 72,70 Euro (12,70 + 60,00).

Tipp

Zumeist endet der Kredit mit dem Ausscheiden des Mitarbeiters aus dem Betrieb, da der Arbeitgeber mit der Kreditverbilligung ja gute Mitarbeiter an das Unternehmen binden will. Das Arbeitgeberdarlehen ist daher vor allem für Arbeitnehmer geeignet, die sich kurz- und mittelfristig nicht mit Kündigungsabsichten tragen. Ob der Arbeitgeber die Möglichkeit von Gehaltsvorschüssen oder Arbeitgeberdarlehen anbietet, erfahren Sie vom Betriebsrat und/oder der Personalabteilung. Dort kann man Ihnen auch etwas zu den Konditionen wie der Kredithöhe, dem Zinssatz und der Laufzeit sagen.

Nebenberuflich selbstständig werden?

Immer wieder taucht die Frage auf, ob man sich eine nebenberufliche Selbstständigkeit von seinem Arbeitgeber genehmigen lassen muss. Nun, das kommt ganz darauf an. Generell hat ein Arbeitgeber Anspruch darauf, dass der Arbeitnehmer während der Arbeitszeit mit voller Zeit und Kraft für den Dienstgeber da ist. Dies schließt auch mit ein, dass der Arbeitnehmer ausgeruht und nicht durch andere Tätigkeiten übernächtig ist. Eine Selbstständigkeit neben einer Vollzeitstelle kann – je nach Branche und Arbeitsaufwand – gegebenenfalls problematisch sein. Ebenso wird – auch wenn es nicht im Arbeitsvertrag stehen sollte – davon auszugehen sein, dass der Arbeitnehmer nicht mit dem Arbeitgeber in Konkurrenz treten darf und auch keine im Rahmen der Arbeitsstelle erworbenen Kenntnisse verwerten darf. Gleiches gilt auch für den Fall, dass das Ansehen des Arbeitgebers durch den Nebenberuf des Angestellten geschädigt werden könnte, z.B. bei einem Zuverdienst in der Erotikbranche.

Nicht jede Tätigkeit ist unproblematisch

Eine selbstständige Tätigkeit während des Jahresurlaubs kommt prinzipiell nicht in Frage. Sowohl Urlaubszeiten als auch Krankheits- und Genesungstage dienen der Aufrechterhaltung bzw. Wiederherstellung der Arbeitskraft für den Arbeitgeber. Unproblematisch ist von der Arbeitszeit her eine Pension, eine Teilzeitstelle und – mit Abstrichen – die Arbeitslosigkeit.

In Deutschland können Arbeitnehmer ab einer bestimmten Betriebsgröße eine Brückenteilzeit vereinbaren. Dabei sinkt die Arbeitszeit für einen vorher definierten Zeitraum ab und der Arbeitnehmer hat das Anrecht, nach dem Zeitraum wieder zu seiner vorherigen Zeitregelung zurückzukehren. Diese Brückenteilzeit ist in Österreich noch nicht gesetzlich verankert, könnte aber natürlich Bestandteil einer Änderung des Arbeitsvertrages sein.

Tipp

Sprechen Sie in jedem Fall bei den genannten problematischen Fällen mit Ihrem Arbeitgeber und zeigen Sie diesem auf, warum die Interessen des Arbeitgebers nicht beeinträchtigt sind!

Familie und Partnerschaft

Familie und Partnerschaft bedeuten für die meisten von uns Glück. Und natürlich auch Verantwortung, spätestens dann, wenn sich Nachwuchs einstellt. Aber welche Unterstützungsmaßnahmen bietet der Staat an? Und wo lassen sich Kosten einsparen oder Zuschüsse lukrieren?

Mit Familien- oder Paarversicherungen Geld sparen

Jeder Mensch hat unterschiedlichste Versicherungen. Allerdings machen sich die meisten nur einmal jährlich bemerkbar, wenn die Prämie abgebucht wird. Und so wird oft übersehen, dass sich auch durch eine Heirat oder den Zusammenzug von Menschen Änderungsbedarf beim Versicherungsschutz oder Einsparpotenzial bei den Polizzen ergibt. Oftmals ergeben sich Einsparungen, die umso mehr Freude machen, desto früher (und höher) sie sich in der Kasse bemerken lassen.

Rechtsschutzversicherung

Sie sind kein Streithansel, dennoch kann es aus verschiedenen Gründen erforderlich sein, sich gegen Klagen zu verteidigen oder berechtigte Ansprüche gegen einen Vertragspartner (Arbeitgeber, Hotel am Urlaubsort etc.) durchzusetzen. Anwälte verrechnen oft ein Stundenhonorar ab 300 Euro – da ist eine Rechtsschutzversicherung für rund 150 Euro Jahresprämie (je nach Leistungsumfang) durchaus empfehlenswert.

Die Jahresprämie ist niedriger als der Stundensatz

Tipp

Eine Rechtsschutzversicherung sollten Sie gemeinsam abschließen. Oftmals entstehen durch die zweite Person keine oder nur geringe Zusatzkosten. Und wenn Sie bereits eine oder zwei Rechtsschutzversicherungen haben? Prüfen Sie, ob die zweite Person mit in den Vertrag aufgenommen werden kann, oder kündigen die Verträge und schließen einen neuen ab.

Reiseversicherung

Reisen Sie gerne? Dann haben Sie sich wahrscheinlich schon mit dem Thema Reiseversicherung beschäftigt. Im Reisebüro oder bei Reiseabschluss im Internet werden Sie jedes Mal gefragt, ob Sie Ihre Reise versichern wollen. Hierbei gibt es durchaus Unterschiede, die sich auch preislich bemerkbar machen, wie z.B. Gepäckversicherung, Auslands-Krankenversicherung, Stornoversicherung, Abbruchversicherung, Kosten der Reise, Abbruchgründe.

Tipp

Wenn Sie mehrfach im Jahr in Urlaub fahren (nicht nur der große Jahresurlaub, sondern auch zwischendurch über das Wochenende), sollten Sie den Abschluss einer Jahresversicherung in Erwägung ziehen. Üblicherweise zahlt man bei Einzelreisen grob sieben Prozent des Reisepreises für den Versicherungsschutz. Addieren Sie also die Reisekosten des Jahres, nehmen hiervon sieben Prozent und vergleichen Sie dies mit der Jahresprämie. Noch mehr können Sie sparen, wenn Sie als Paar eine gemeinsame Versicherung abschließen. Für eine Jahresversicherung mit 5.000 Euro Deckelung, weltweiter Gültigkeit, Reisedauer bis 62 Tage und umfangreichem Versicherungsschutz bezahlen Sie als Paar bei einem günstigen Anbieter nur 360 Euro, während die Einzelversicherung 309 Euro kostet, bei zwei Versicherungen entsprechend 618 Euro. Da lohnen sich der Vergleich und die Zusammenlegung von zwei bestehenden Versicherungen. Nicht zu vergessen: Eine Erhöhung des Risikos – wie etwa die Geburt von Kindern – immer auch dem Versicherer anzeigen. Einen anbieterunabhängigen Vergleich der Versicherungen bieten Ihnen www.durchblicker.at oder www.biallo.at.

Haushalts- und Eigenheimversicherung

Eine Haushalts- bzw. Eigenheimversicherung ist eigentlich aus zwei Gründen nahezu Pflicht:

- **Wert des Hausrats.** Auch in jungen Jahren und zu Beginn des Arbeitslebens sammeln sich schnell einige Werte in Form von Möbeln, Ausstattung, Computer, Handy etc. im Haushalt an. Ein Einbruch oder ein Wasserschaden richtet so schnell höhere Schäden an, gegen die man sich absichern sollte.
- **Haftpflichtversicherung.** In Österreich ist eigentlich in jeder Haushalts- und zumeist auch Eigenheimversicherung eine Haftpflichtversicherung inkludiert. Dies ist eine in jedem Fall empfehlenswerte Versicherung. Denn sie schützt Sie vor finanziellen Schäden, wenn Sie jemand anderen verletzen oder sein Gut zerstören. Natürlich rechnen Sie nicht damit. Aber oftmals genügt es, wenn man z.B. unaufmerksam mit dem Fahrrad, Elektroroller etc. eine ältere Person anfährt. Die Haftpflichtsumme sollte immer möglichst hoch gewählt werden.

Durch Heirat oder zumeist schon vorher durch das Zusammenziehen ändern sich beide genannten Bereiche der Haushaltsversicherung: Der Wert des Hausrats steigt an, sodass möglicherweise die Betragsgrenzen erhöht werden müssen; und die zweite Person benötigt ebenfalls einen Haftpflichtschutz!

Haftpflichtversicherung

Für zusätzliche Millionen an Versicherungsschutz bezahlen Sie nur wenige Euro

Sofern Sie in Ihrer Hausrat- oder Eigenheim-Polizze keine Haftpflichtversicherung inkludiert haben oder Ihr Versicherer nur kleine Betragsobergrenzen anbietet, bietet sich für Sie auch der Abschluss einer separaten Haftpflichtversicherung an. Möglicherweise hat auch bereits ein (Ehe-)Partner oder haben beide eine solche Versicherung.

Tipp

Bei www.durchblicker.at oder www.biallo.at können Sie einen einfachen Preisvergleich auch für separate Haftpflichtversicherungen durchführen. So kostet z.B. für einen Single eine Versicherung über 10 Millionen Euro bei dreijähriger Laufzeit und jährlicher Prämienzahlung nur 45 Euro im Jahr. Für das Paar oder die Familie bezahlen Sie beim gleichen Anbieter nur 49 Euro und damit unwesentlich mehr.

Private Krankenversicherung

Im Gegensatz zu einer gesetzlichen Krankenversicherung handelt es sich bei der privaten (Zusatz-)Krankenversicherung um eine zusätzliche Versicherung, die z.B. zusätzliche Leistungen im Bereich stationärer Unterbringung und Zahnbehandlung abdeckt. Leistungen, die der Partner entweder ebenfalls versichert hat bzw. die für ihn interessant sein könnten.

Tipp

Oftmals bieten die Versicherer für Familien bzw. (Ehe-)Partner Gemeinschaftstarife an, d.h., zu zweit bezahlen Sie weniger als das Doppelte. Fragen Sie Ihren Versicherer und lassen Sie sich ein Angebot machen.

Mutterschutz in Anspruch nehmen

Der Mutterschutz gilt in Österreich unabhängig von der Staatsbürgerschaft, der Länge der Arbeitszeit und der bisherigen Dauer des Arbeitsverhältnisses. Er ist in einem eigenen Gesetz, dem Mutterschutzgesetz, geregelt. Es gilt für Arbeitnehmerinnen, Lehrlinge und Heimarbeiterinnen. Sonderbestimmungen gibt es teilweise für Arbeitnehmerinnen, die in Privathaushalten beschäftigt sind, sowie für Bedienstete in bestimmten Zweigen des öffentlichen Dienstes. Für Landarbeiterinnen gelten die Bestimmungen des Landarbeitsgesetzes und der Landarbeitsordnung.

Tipp

Sie sind nicht verpflichtet, dem Arbeitgeber die Schwangerschaft während der Probezeit mitzuteilen. Hat der Arbeitgeber das Arbeitsverhältnis während der Probezeit aufgelöst, weil Sie schwanger sind, ist dies eine unzulässige Diskriminierung auf Grund des Geschlechtes und ein Verstoß gegen das Gleichbehandlungsgesetz. Gegen die Auflösung des Arbeitsverhältnisses können Sie innerhalb von zwei Wochen nach der Kündigung beim Arbeits- und Sozialgericht klagen.

Die Länge des Mutterschutzes ist klar geregelt

Als werdende Mutter dürfen Sie zum Schutz für Sie und das Kind in den letzten acht Wochen vor dem berechneten Geburtstermin nicht mehr arbeiten. Diese Frist kann verlängert werden, wenn ein Facharzt die längere Freistellung schriftlich befürwortet. Die acht Wochen beziehen sich auf den Beginn der Freistellung, bei einer Spätgeburt verlängert sich die Freistellung entsprechend bis zur Geburt.

Der Mutterschutz nach der Geburt dauert ebenfalls acht Wochen. Dies ist der Mindestumfang. Kommt es zu einer Frühgeburt, so verlängert sich der Mutterschutz nach der Geburt um den Zeitraum der Verkürzung auf bis zu 16 Wochen. Bei Frühgeburten, Mehrlingsgeburten und Kaiserschnitt beträgt der Mutterschutz nach der Geburt immer zumindest 12 Wochen.

Tipp

Sie sollten den Mutterschutz vor der Geburt zumindest mit einem Vorlauf von vier Wochen beim Arbeitgeber melden. Während des Mutterschutzes erhalten Sie keinen Lohn bzw. Gehalt vom Arbeitgeber, jedoch Wochengeld von der Krankenkasse. Die Höhe des Wochengeldes richtet sich in der Regel nach dem Einkommen in den drei Monaten vor Beginn des Mutterschutzes, zuzüglich von anteiligen Sonderzahlungen wie Urlaubs- und Weihnachtsgeld. Bezieherinnen von Arbeitslosengeld erhalten ein Wochengeld in Höhe von 180 Prozent des Arbeitslosengelds, geringfügig Beschäftigte mit Selbstversicherung in der Krankenversicherung ein Entgelt von 9,78 Euro je Tag (Stand 2022). Im Zweifelsfall erhalten Sie von Ihrer Krankenkasse Auskunft über die Höhe des Ihnen zustehenden Wochengeldes.

Elternkarenz nutzen

Karenz ist der Anspruch des Arbeitnehmers auf Freistellung von der Arbeit, wobei zugleich das Gehalt, der Lohn entfällt. Auf die Elternkarenz, die von Vater und Mutter genutzt werden kann, besteht hierbei ein Rechtsanspruch. Der Anspruch auf Elternkarenz beginnt mit dem Ende des Mutterschutzes (siehe auch oben „Mutterschutz in Anspruch nehmen") und endet mit dem Tag vor dem zweiten Geburtstag des Kindes. Es müssen jedoch nicht die gesamten knapp zwei Jahre in Anspruch genommen werden, der Mindestzeitraum beträgt zwei Monate. Die Karenz kann nicht von Vater und Mutter gleichzeitig in Anspruch genommen werden, es sind bis zu zwei Wechsel möglich. Auch hierbei gilt: Jeder Teil der Elternkarenz muss mindestens zwei Monate betragen.

Auch wenn auf die Elternkarenz ein Rechtsanspruch besteht, muss diese natürlich dennoch dem Arbeitgeber gemeldet werden. Eine Elternkarenz der Mutter im Anschluss an den Mutterschutz muss von der Mutter innerhalb des Mutterschutzes gemeldet werden. Der Vater muss die geplante Elternkarenz spätestens acht Wochen nach der Geburt seinem Arbeitgeber mitteilen. Spätestens drei Monate vor dem geplanten Ende der Elternkarenz muss dem Arbeitgeber mitgeteilt werden, ob und wie lange die Elternkarenz verlängert werden soll. Beträgt der ursprüngliche Zeitraum der Karenz weniger als drei Monate, so verkürzt sich die Frist auf zwei Monate. Diese Fristen gelten auch bei einer Teilung der Karenz, wenn also Vater oder Mutter den anderen Elternteil bei der Elternkarenz ablösen wollen.

Während der Elternkarenz ist eine entgeltliche Beschäftigung möglich, jedoch nur bis zur monatlichen Geringfügigkeitsgrenze.

Wichtige Fristen für den Kündigungsschutz beachten

Tipp

Ab der Anmeldung der Elternkarenz besteht Kündigungsschutz. Dies allerdings nur innerhalb der Elternkarenz und vier Monate vor dem Beginn. Die Inanspruchnahme der Elternkarenz sollte daher frühestens vier Monate vor der Inanspruchnahme mitgeteilt werden und muss drei bzw. zwei Monate vor dem Beginn gemeldet werden.

Elternteilzeit nutzen

Jeder Elternteil hat unabhängig von einer in Anspruch genommenen Elternkarenz die Möglichkeit, Elternteilzeit zu nutzen. Hierbei muss die Arbeitszeit um zumindest 20 Prozent verkürzt werden, sie muss jedoch zumindest zwölf Stunden in der Woche betragen. Eine hiervon abweichende Regelung ist mit Zustimmung des Arbeitgebers möglich. Auch eine Änderung der Lage der Arbeitszeit ist möglich. Nach Beendigung der Elternteilzeit haben die Arbeitnehmer das Recht, zur ursprünglichen Arbeitszeit zurückzukehren. Die Regelungen zur Elternteilzeit hängen auch von der Betriebsgröße ab:

Betriebe mit mindestens 20 Arbeitnehmern. Der Anspruch auf Teilzeitbeschäftigung besteht für alle Mütter und Väter, die seit zumindest drei Jahren ununterbrochen beim Arbeitgeber beschäftigt sind. Der Anspruch auf Teilzeitbeschäftigung endet mit dem siebten Lebensjahr des Kindes bzw. einem späteren Schulbeginn.

Betriebe mit bis zu 20 Arbeitnehmern. Hat der Betrieb maximal 20 Arbeitnehmer oder besteht keine Betriebszugehörigkeit von zumindest drei Jahren, kann eine Teilzeitbeschäftigung in Abstimmung mit dem Arbeitgeber bis zum Ablauf des vierten Lebensjahres des Kindes in Anspruch genommen werden. Ein Rechtsanspruch hierauf besteht jedoch nicht. Folgende Voraussetzungen müssen zusätzlich erfüllt sein:

- Es besteht ein gemeinsamer Haushalt mit dem Kind oder Obsorgeberechtigung.
- Der andere Elternteil darf sich nicht für dasselbe Kind in Karenz befinden.
- Die Teilzeitbeschäftigung muss mindestens zwei Monate dauern.

Die Aufteilung der Elternteilzeit zwischen Vätern und Müttern ist möglich, sie kann auch zeitgleich genommen werden. Allerdings ist der Anspruch je Person auf eine einmalige Nutzung je Kind beschränkt. Die Elternteilzeit wird vorzeitig beendet, wenn der entsprechende Elternteil Elternkarenz oder Elternteilzeit für ein weiteres Kind in Anspruch nimmt.

Tipp

Die Mutter muss eine an den Mutterschutz anschließende Elternteilzeit innerhalb der Schutzfrist melden, der Vater innerhalb von acht Wochen nach der Geburt. Bei einem späteren Beginn der Elternteilzeit beträgt die Frist drei Monate. Auch bei der Elternteilzeit beginnt der besondere Kündigungs- und Entlassungsschutz vier Monate vor dem gewünschten Antritt, sodass eine Anmeldung frühestens vier Monate vor Beginn erfolgen sollte. Der besondere Kündigungs- und Entlassungsschutz endet nach Ablauf des vierten Lebensjahres des Kindes.

Pensionssplitting vereinbaren

Bei einer Ehe mit Kindern gibt es immer wieder das Thema, dass ein Elternteil sich um die Kinder kümmert und der andere Elternteil sozialversicherungspflichtig beschäftigt ist. Dies hat auch finanzielle Auswirkungen für den nicht sozialversicherungspflichtig beschäftigten Partner, da in dieser Zeit keine Einzahlungen auf das Pensionskonto stattfinden und von daher später ein geringerer Pensionsanspruch besteht. Die Eltern können daher für die Zeit der Kindererziehung ein Pensionssplitting vereinbaren. Dies geht auch im Rahmen der Trennung bzw. Scheidung.

Unter Pensionssplitting versteht man die Übertragung eines Teils der Pensionsansprüche des sozialversicherungspflichtig beschäftigten Partners auf den erziehenden Partner. Die Übertragung ist allerdings zeitlich begrenzt: Bei einem Kind beginnt die Übertragungsmöglichkeit mit dem Jahr der Geburt und endet mit dem Jahr, in dem das Kind sieben Jahre alt wird. Bei mehreren Kindern können Übertragungen für maximal 14 Jahre stattfinden. Sachlich geht dies zusätzlich nur für Zeiten, wo der eine Partner arbeitet. Ist er arbeitslos oder im Krankenstand, so ist eine Übertragung nicht möglich. Gleiches gilt, soweit der übertragende Elternteil eine Pension aus geminderter Arbeitsfähigkeit, Erwerbsunfähigkeit oder Alter bezieht. Dies bedeutet, es können nur Ansprüche aus Erwerbstätigkeit übertragen werden. Die Höhe der Übertragung kann frei zwischen den Eltern vereinbart werden, und zwar für jedes Jahr neu. Es sind jedoch zwei Maximalgrenzen zu beachten:

Bereits frühzeitig die Auswirkungen der Kinder auf die Pension bedenken

- Es können maximal 50 Prozent des Anspruchs übertragen werden.
- Zusätzlich ist die Übertragung mit der Jahreshöchstbeitragsgrundlage begrenzt.

Für das Pensionssplitting sind drei Schritte erforderlich:

- Einigung der Partner auf ein Pensionssplitting
- schriftliche Vereinbarung zur Übertragung; Formulierungsvorschläge erhalten Sie von der Pensionsversicherung (PVA) unter https://www.pensionsversicherung.at/cdscontent/?contentid=10007.779168&viewmode=content
- formloser Antrag bei der Pensionsversicherung; er ist bis zur Vollendung des zehnten Lebensjahres des Kindes zu stellen. Gibt es mehrere Kinder und liegen die Geburten nicht mehr als zehn Jahre auseinander, so gilt die Zehnjahresfrist des zuletzt geborenen Kindes auch für die vorher geborenen Kinder. Als Kinder gelten dabei neben den leiblichen Kindern auch die Adoptiv- und Pflegekinder.

Familienförderungen beantragen

Familien werden vom Staat in mehrfacher Weise auch finanziell unterstützt. Wir greifen die wichtigsten Förderungen auf und erklären sie.

Kinderbetreuungsgeld

Das Kinderbetreuungsgeld wird in zwei Varianten angeboten: als einkommensabhängiges und als pauschales Kinderbetreuungsgeld. Die Voraussetzungen für beide Varianten sind:

Sie haben die Wahl zwischen zwei Varianten

- gemeinsamer dauerhafter Haushalt von Antragsteller und dem Kind
- gleiche Hauptwohnsitzmeldungen von Antragsteller und Kind erforderlich
- Durchführung und Nachweis der Mutter-Kind-Pass-Untersuchungen
  - fünf Untersuchungen der Mutter während der Schwangerschaft
  - fünf Untersuchungen des Kindes nach der Geburt
- Anspruch auf Familienbeihilfe und tatsächlicher Bezug der Familienbeihilfe für das Kind
- bei getrennt lebenden Eltern zusätzlich Obsorgeberechtigung und Bezug der Familienbeihilfe durch den antragstellenden Elternteil
- ein zulässiger Zuverdienst darf die jeweilige Zuverdienstgrenze nicht übersteigen
- rechtmäßiger Aufenthalt in Österreich

Einkommensabhängiges Kinderbetreuungsgeld. Der Bezug des einkommensabhängigen Kinderbetreuungsgelds setzt neben den allgemeinen Bedingungen voraus, dass in den sechs Monaten (182 Tage) vor der Beantragung eine kranken- und pensionsversicherungspflichtige Tätigkeit ausgeübt und keine Leistung aus der Arbeitslosenversicherung in Anspruch genommen wurde. Die Bezugshöhe beträgt 80 Prozent der Letzteinkünfte, wobei es eine Obergrenze von 69,83 Euro am Tag und damit rund 2.095 Euro im Monat gibt. Die Bezugsdauer beträgt bei der Inanspruchnahme durch einen Elternteil 365 Tage, d.h. ein Jahr. Bei der Inanspruchnahme durch beide Elternteile beträgt die Bezugsdauer maximal 426 Tage, wobei jeder Elternteil jedoch maximal 365 Tage in Anspruch nehmen kann. Ein Wechsel zwischen den Elternteilen ist bis zu dreimal möglich, jeder dieser Teile muss mindestens 61 Tage umfassen.

Pauschales Kinderbetreuungsgeld. Im Gegensatz zum einkommensabhängigen Kinderbetreuungsgeld wird das pauschale Kinderbetreuungsgeld auch an Personen ohne oder mit nur geringfügiger Beschäftigung gezahlt. Ein Zuverdienst ist möglich, er darf jedoch 60 Prozent der Letzteinkünfte bzw. 16.200 Euro je Kalenderjahr nicht übersteigen. Die Bezugsdauer bei der Nutzung durch einen Elternteil beträgt 365 bis 851 Tage, bei Nutzung durch beide Elternteile 456 bis 1.063 Tage ab der Geburt des Kindes. Die Bezugshöhe beträgt 15,37 bis 35,85 Euro am Tag.

Tipp

Den Kinderbetreuungsgeldrechner finden Sie unter https://www.oesterreich.gv.at/themen/familie_und_partnerschaft/geburt/3/2/3/4.html
Eine ausführliche Beratung erhalten Sie bei Ihrer Krankenkasse und ebenfalls kostenlos bei der Infoline Kinderbetreuungsgeld unter der Telefonnummer 0800 240 014.

Partnerschaftsbonus. Sofern die Eltern das Kinderbetreuungsgeld annähernd zu gleichen Teilen (50:50 bis 40:60) beziehen und dies im Ausmaß von zumindest 124 Tagen geschieht, erhält jeder Elternteil auf Antrag einen Partnerschaftsbonus in Höhe von 500 Euro, d.h. gemeinsam in Höhe von 1.000 Euro. Der Partnerschaftsbonus kann gemeinsam mit dem Kinderbetreuungsgeld bei der Krankenkasse beantragt werden.

Familienbeihilfe, Schulstartgeld, Kinderabsetzbetrag und Mehrkindzuschlag

Die Familienbeihilfe steht den Eltern für jedes Kind zu. Sie dient dazu, finanzielle Mehrbelastungen für die Ernährung, Bekleidung, häusliche Unterbringung und Erziehung von Kindern auszugleichen. Sie wird Eltern unabhängig von ihrer Beschäftigung oder ihrem Einkommen ausgezahlt. Dies gilt uneingeschränkt bis zum 18. Lebensjahr, danach kommen zusätzliche Regeln wie keine Erwerbstätigkeit oder Studium hinzu. Die Höhe der Familienbeihilfe hängt vom Alter und der Anzahl der Kinder ab. Sie beträgt seit 2023 (Quelle https://lesen.lexisnexis.at/news/familienleistungs-valorisierungsverordnung-2023/o_stz/aktuelles/2022/46/lnat_news_033282.html):

- **Ab Geburt.** 120,60 Euro pro Monat
- **Ab 3 Jahren.** 129,00 Euro pro Monat
- **Ab 10 Jahren.** 149,70 Euro pro Monat
- **Ab 19 Jahren.** 174,70 Euro pro Monat

Die Förderung steigt mit dem Alter und der Anzahl der Kinder

Hinzu kommt bei mehreren Kindern ein Zuschlag je Kind, was sich auch Geschwisterstaffel nennt:

- **2 Kinder.** 7,50 Euro pro Monat
- **3 Kinder.** 18,40 Euro pro Monat
- **4 Kinder.** 28,00 Euro pro Monat
- **5 Kinder.** 33,90 Euro pro Monat
- **6 Kinder.** 37,80 Euro pro Monat
- **ab 7 Kinder.** 55,00 Euro pro Monat

Tipp

Die Familienbeihilfe muss beantragt werden. Dies ist maximal für fünf Jahre rückwirkend möglich. Zuständige Stelle ist das Finanzamt. Bei Geburten seit dem 1. Mai 2015 ist ein Antrag nicht mehr erforderlich, da die Daten automatisch an das Finanzamt weitergeleitet werden.

Für Kinder zwischen sechs und 15 Jahren wird im September ein Schulstartgeld in Höhe von 105,80 Euro ausgezahlt.

Gemeinsam mit der Familienbeihilfe wird der Kinderabsetzbetrag ausgezahlt. Er muss nicht gesondert beantragt werden. Der Kinderabsetzbetrag ist keine Familienbeihilfe, sondern ein Absetzbetrag, der in Form einer Negativsteuer ausgezahlt wird. Er beträgt 61,80 Euro pro Kind und Monat. Absetzbeträge werden üblicherweise von der Steuerschuld abgezogen, beim Kinderabsetzbetrag erfolgt die Auszahlung jedoch auch bei geringer oder keiner Steuerlast, was mit dem Begriff der Negativsteuer ausgedrückt wird.

Tipp

Für Kinder mit Behinderung (mindestens 50 Prozent) steht den Eltern neben der Familienbeihilfe auch eine erhöhte Familienbeihilfe zu. Die erhöhte Familienbeihilfe beträgt seit 1. Jänner 2023 164,90 Euro pro Monat und wird zusätzlich zur Familienbeihilfe ausbezahlt.

Des Weiteren gibt es einen Mehrkindzuschlag für Eltern mit drei oder mehr Kindern. Er beträgt monatlich 21,20 Euro für das dritte und jedes weitere Kind und muss für jedes Kalenderjahr gesondert geltend gemacht werden. Das geschieht mittels Arbeitnehmerveranlagung bzw. Einkommensteuererklärung.

Familienbonus Plus

Der Familienbonus Plus ist ein Steuerabsetzbetrag in der Höhe von 2.000 Euro pro Kind und Jahr (seit dem Jahr 2022, davor 1.500 Euro) bis zum 18. Lebensjahr des Kindes. Nach dem 18. Geburtstag des Kindes reduziert sich der Familienbonus Plus in der Höhe auf 650 Euro jährlich (ab dem Jahr 2022, davor 500 Euro). Voraussetzung ist, dass für dieses Kind Familienbeihilfe bezogen wird.

Der Familienbonus Plus kann entweder vom Arbeitgeber bei der laufenden Lohnverrechnung berücksichtigt oder in der Arbeitnehmerveranlagung geltend gemacht werden.

Familienzeitbonus für Väter

Väter werden für einen Monat unterstützt

Seit 2017 werden auch Väter finanziell unterstützt, wenn sie sich unmittelbar nach der Geburt um das Kind und die Mutter kümmern. Hierfür ist es erforderlich, dass der Vater alle Erwerbstätigkeiten vorübergehend einstellt und sich ausschließlich der Familie widmet. Beispiele für Familienzeit sind:

- Papamonat (Freistellung anlässlich der Geburt)
- Sonderurlaub gegen Entfall der Bezüge
- Väterfrühkarenz im öffentlichen Dienst („Papamonat")
- Unterbrechung der selbstständigen Tätigkeit samt Abmeldung bei der Sozialversicherung
- Ruhendmeldung des Gewerbes

Der Familienzeitbonus wird für einen Monat gewährt und umfasst daher je Kalendermonat 28, 29, 30 oder 31 Tage. Er wird bei der jeweiligen Krankenkasse beantragt und beträgt aktuell 23,91 Euro je Kalendertag, d.h. rund 717 Euro im Monat. Falls der Vater später Kinderbetreuungsgeld bezieht, wird der Familienzeitbonus hierauf angerechnet.

Tipp

Das Formular zur Beantragung finden Sie unter https://www.help.gv.at/at.gv.brz.linkaufloesung/help/applikation-flow?execution=e1s1
Die Beantragung kann ab dem Tag der Geburt in den folgenden drei Monaten (91 Tage) erfolgen.

Voraussetzungen für die Beantragung des Familienzeitbonus sind:

- Bezug der Familienbeihilfe für das Kind
- Lebensmittelpunkt der Eltern und des Kindes ist in Österreich
- gemeinsamer Haushalt mit dem Kind und dem anderen Elternteil sowie idente Hauptwohnsitzmeldungen
- Inanspruchnahme der Familienzeit
- mindestens ein halbes Jahr (182 Tage) lang Ausübung einer krankenversicherungspflichtigen Tätigkeit vor Bezugsbeginn
- zusätzlich für Nicht-Österreicher: rechtmäßiger Aufenthalt in Österreich nach dem Niederlassungs- und Aufenthaltsgesetz bzw. nach dem Asylgesetz 2005

Alleinverdiener-/Alleinerzieherabsetzbetrag

Der Alleinverdiener- und der Alleinerzieherabsetzbetrag werden bei der Steuerberechnung von der zu zahlenden Steuer abgezogen. Sie schließen einander aus.

Alleinverdienerabsetzbetrag. Alleinverdiener sind Steuerpflichtige mit mindestens einem Kind, die folgende Voraussetzungen erfüllen:

- mehr als sechs Monate im Kalenderjahr verheiratet (oder eingetragen verpartnert) oder in Lebensgemeinschaft lebend und
- von ihrem Ehepartner oder ihrem eingetragenen Partner oder ihrem Lebensgefährten nicht dauerhaft getrennt lebend und
- jährlicher Verdienst ihres Partners oder Gefährten nicht mehr als 6.000 Euro

Alleinerzieher oder Alleinverdiener: Beides gemeinsam geht nicht

Alleinerzieherabsetzbetrag. Alleinerzieher sind Steuerpflichtige mit mindestens einem Kind, die folgende Voraussetzungen erfüllen:

- leben nicht mehr als sechs Monate im Kalenderjahr in einer Gemeinschaft mit einem (Ehe-)Partner und
- erhalten für ihr Kind bzw. ihre Kinder mehr als sechs Monate im Kalenderjahr den Kinderabsetzbetrag

Der Alleinverdiener- oder Alleinerzieherabsetzbetrag beträgt pro Jahr:

- **1 Kind.** 494,00 Euro
- **2 Kinder.** 669,00 Euro
- **3 Kinder.** 889,00 Euro
- **Je weiteres Kind.** 220,00 Euro

Alleinverdiener- und Alleinerzieherabsetzbetrag sollen ab 2023 entsprechend der Inflationsrate jährlich automatisch erhöht werden.

Unterhaltsabsetzbetrag

Wer für ein Kind, das nicht im selben Haushalt wohnt, nachweislich gesetzlichen Unterhalt zahlt, hat Anspruch auf einen monatlichen Unterhaltsabsetzbetrag in folgender Höhe:

- **Für das erste Kind.** 29,20 Euro
- **Für das zweite Kind.** 43,80 Euro
- **Für das dritte und weitere Kinder.** 58,40 Euro

Eine Inanspruchnahme des Unterhaltsabsetzbetrages ist nur dann möglich, wenn der Unterhaltspflichtige nicht zugleich Familienbeihilfe erhält.

Familiennamen ändern

Allgemein bekannt ist, dass es bei einer Heirat und auch bei einer Scheidung zu einer Änderung des Familiennamens kommen kann. Allerdings gibt es darüber hinaus eine Vielzahl an Möglichkeiten, einen unerwünschten Familiennamen zu ändern. Das sind die Folgenden:

- Der bisherige Name wirkt lächerlich oder anstößig.
- Der bisherige Name bedeutet unzumutbare Nachteile in wirtschaftlicher oder sozialer Hinsicht.
- Der bisherige Name ist schwer auszusprechen oder zu schreiben.
- Der Antragsteller ist ausländischer Herkunft und hat die österreichische Staatsbürgerschaft angenommen. Mit einem neuen Namen möchte er die Integration in Österreich erleichtern. Die Frist für den Antrag beträgt hier zwei Jahre nach Änderung der Staatsbürgerschaft.
- Der bisherige Name wurde fälschlich, jedoch in gutem Glauben geführt. Hier kann beantragt werden, diesen Namen fortzuführen.
- Vor- und Familienname sowie Geburtsdatum stimmen mit jenen einer anderen Person derart überein, dass es leicht zu Verwechslungen kommen kann.
- Bei eingetragenen Partnerschaften kann ein gemeinsamer Familienname gewählt werden.
- Ein minderjähriges Kind kann den Namen der obsorgenden Person übernehmen.
- Eine Person mit zwei Staatsbürgerschaften möchte bei beiden Staatsbürgerschaften den gleichen Namen tragen.
- Durch eine Änderung des Namens soll Straftaten vorgebeugt werden, die für die Person mit Gewalt oder gefährlicher Drohung, Verletzung der sexuellen Integrität oder Selbstbestimmung verbunden sind.
- Es wird ein Wunschname angestrebt, ohne dass andere Gründe eine Rolle spielen.

Wenn alle anderen Gründe nicht greifen, kann auch ein Wunschname gewählt werden

Zuständig ist die jeweilige Bezirksverwaltungsbehörde (https://www.help.gv.at/at.gv.brz.linkaufloesung/help/applikation-flow?execution=e1s1).

Die Behörde kann einen Änderungswunsch auch ablehnen, wenn der Name nach der Änderung gegen einen der möglichen Änderungsgründe verstößt, also z.B. lächerlich oder anstößig wirkt.

Erbschaft annehmen oder ausschlagen

Nach österreichischem Recht steht es jeder als Erbe in Frage kommenden Person frei, das Erbe anzunehmen oder auch auszuschlagen. Mit der Annahme der Erbschaft tritt der Erbe oder treten die Erben in alle Rechte und Pflichten des Erblassers ein. Sie müssen also Schulden des Erblassers auch dann begleichen, wenn die Erbschaft hierfür nicht ausreicht. Wird ein Erbe hingegen ausgeschlagen, so handelt es sich um eine unumkehrbare Entscheidung. Gründe für eine Erbausschlagung können die Folgenden sein:

- Die Verlassenschaft ist überschuldet, d.h., es sind mehr Schulden als Vermögenswerte vorhanden.
- Der potenzielle Erbe ist finanziell versorgt und möchte das (nicht überschuldete) Erbe den anderen Erben überlassen. Nach der gesetzlichen Erbfolge erbt der Ehepartner ein Drittel und die Kinder zwei Drittel. Durch einen Erbverzicht der Kinder kann das Erbe ausschließlich an den Ehepartner gehen oder auch an andere Geschwister.
- Das Erbe reicht für die Bezahlung der Bestattungskosten nicht aus. Diese sind jedoch aus der Verlassenschaft zuerst zu bezahlen, sodass ein Erbe diese Verbindlichkeiten selbst übernehmen müsste.
- Eine Erbschaftssteuer gibt es in Österreich nicht (mehr), jedoch sind beim Vererben von Liegenschaften Grunderwerbssteuern zu bezahlen. Handelt es sich jetzt um eine Liegenschaft z.B. mit belasteter Erde, so ist sie entweder nicht veräußerbar oder nur mit hohen Kosten sanierbar. Eine Erbausschlagung aus finanziellen Gründen kann daher Sinn machen.

Es gibt gute Gründe, eine Erbschaft auszuschlagen

Bedingte Erbantrittserklärung. Bei einer bedingten Erbantrittserklärung kann man das Risiko einer Schuldenhaftung begrenzen. Der Erbe haftet zwar weiterhin mit seinem eigenen Vermögen inkl. seines Erbanteils, aber nur mehr beschränkt mit dem Wert der Aktiva der Verlassenschaft und nur anteilig entsprechend seiner Erbquote. Der Wert der Verlassenschaft wird hierbei durch den Gerichtskommissär (der zuständige Notar) unter Hinzuziehung von Sachverständigen ermittelt.

Tipp

Je weniger über die Vermögensverhältnisse des Verstorbenen bekannt ist, desto sinnvoller ist eine bedingte Erbantrittserklärung. Die Sicherheit vor einer ungewollten Schuldenübernahme wiegt hier schwerer als der längere Zeitaufwand und die höheren Kosten des Verfahrens.

Unbedingte Erbantrittserklärung. Bei einer unbedingten Erbantrittserklärung haftet der Erbe für alle Schulden, auch wenn diese den Wert der Aktiva der Verlassenschaft übersteigen. In diesem Fall muss der Erbe die Schulden aus eigenem Vermögen bezahlen. Mehrere Erben haften hierbei solidarisch, d.h., die Haftung ist nicht auf den eigenen Erbanteil beschränkt. Kann einer der anderen Erben nicht bezahlen, so haften die anderen Erben für diesen mit. Auch ist der Erbe nicht durch Unwissenheit geschützt, d.h., er kann sich nicht darauf berufen, dass er von den Schulden oder der Überschuldung nichts wusste.

Tipp

Der Vorteil einer unbedingten Erbantrittserklärung liegt im vereinfachten Verfahren z.B. ohne Sachverständige und mit den geringeren Kosten. Es erfolgt keine Schätzung des beweglichen Vermögens, an die Stelle des Inventars bei der bedingten Erbantrittserklärung tritt die Vermögenserklärung.

Erbteilungsübereinkommen. Bei der Beteiligung von mehreren Erben kann mit einem Erbteilungsübereinkommen geregelt werden, welcher Erbe welche Vermögens- und Schuldenteile erbt. Dies ist in jedem Fall dann erforderlich, wenn sich eine Eigentumswohnung in der Verlassenschaft befindet und diese vom Erblasser keiner Person zugeordnet worden war. Gemäß Wohnungseigentumsgesetz kann eine Eigentumswohnung maximal zwei Personen gehören, sodass bei mehreren Erben eine Aufteilung des Erbes mittels Erbteilungsübereinkommen erforderlich ist.

Pornografische Inhalte im Internet löschen

Sie oder auch Ihre Kinder waren unvorsichtig. Und haben etwas freizügige Fotos von Ihnen oder den Kindern in die Social Media hochgeladen oder einem Bekannten gegeben, der dies ohne Auftrag von Ihnen gemacht hat. Das Internet vergisst nie, heißt es immer so schön. Aber noch in 40 Jahren auf diese Fotos angesprochen werden? Oder im Falle von betroffenen Kindern noch schlimmer: Mit den freizügigen Fotos im Rampenlicht von Freunden und auf jeder Party stehen? Auch wenn man die Freizügigkeit längst bereut, mit dem Inhalt der Fotos nicht glücklich ist und alles gerne ungeschehen machen möchte?

Sagen Sie STOP mit stopline.at

Wurden von einem selbst oder den Kindern pornografische Inhalte ohne Einwilligung ins Netz gestellt oder sehen Sie derartige Inhalte, so können Sie diese anonym über die Plattform www.stopline.at melden. Stopline ist die österreichische Online-Meldestelle gegen sexuelle Missbrauchsdarstellungen Minderjähriger und nationalsozialistische Wiederbetätigung im Internet. An Stopline kann sich jeder wenden, der im Internet auf Websites mit derartigen illegalen Inhalten stößt. Einfach, unbürokratisch und anonym! Stopline wird dann in Zusammenarbeit mit den Providern versuchen, diese Inhalte aus dem Internet zu entfernen. In Deutschland können Sie Hinweise für das Bundeskriminalamt erfassen unter https://bka.hinweisportal.de/, in der Schweiz unter https://www.fedpol.admin.ch/fedpol/de/home/kriminalitaet/meldeformular.html.

Eine weitere gute Anlaufstelle sind der Internet-Ombudsmann bzw. die Internet-Schlichtungsstelle (siehe Adressen/Links im Serviceteil, ► Seite 136).

Sozialeinrichtungen leicht finden

Oftmals ist man überfordert, wenn man überlegt, wer einem in einer speziellen Situation zu Pflege und Betreuung helfen kann. Abhilfe schafft die Informationssuche beim Infoservice des Sozialministeriums, die im ersten Schritt eine Suche nach Stichworten oder auch nach drei Gruppen bietet:

- Ich bin pflegebedürftig, was jetzt?
- Welche Angebote für pflegende Angehörige gibt es?
- Ich betreue einen Angehörigen mit demenzieller Beeinträchtigung.

oder in den Kategorien:

- Arbeit und Bildung

- Geschlechterfragen
- Pflege, Betreuung
- Wohnen, Recht, Konsument
- Behinderung
- Familie
- Gesundheit
- Senioren

Im Folgeschritt kann die Suche dann örtlich auf einzelne Postleitzahlen beschränkt und auch in Kombination mit einer Umkreissuche geprüft werden, welche Angebote es in der Umgebung gibt.

Die Suche lässt sich auf Ihre nähere Umgebung einschränken

Tipp

Es handelt sich um ein sehr sinnvolles Instrument für eine zielgerichtete Suche. Die Einträge beruhen allerdings auf den Angaben der Anbieter. Vergisst also ein Anbieter sein spezielles Angebot einzugeben, kann dieses über die Stichwortsuche auch nicht gefunden werden. Im Vergleich zu einer persönlichen Untersuchung der Websites aller Anbieter ist es aber eine außerordentliche Zeitersparnis (https://www.infoservice.sozialministerium.at/willkommen).

Sozialversicherung und Pension

Alle unselbstständig Beschäftigten sind in einer Sozialversicherung pflichtversichert. Zusätzlich trifft dies in Österreich auch für alle Selbstständigen zu. Neben der Krankenversicherung gehört die Pensionsversicherung zu den wichtigsten Absicherungen, auch wenn der Pensionsbeginn noch in der zeitlichen Ferne liegt. Dennoch sollte man über grundlegende Fragestellungen Bescheid wissen, da sich Fehler später nicht oder zumindest nicht einfach korrigieren lassen.

Mitversicherung in der Sozialversicherung beantragen

Mit jeder Arbeitsstelle, auch einer selbstständigen Tätigkeit, ist der Abschluss einer Krankenversicherung verbunden. Für einen gewissen Personenkreis gibt es aber auch die Möglichkeit einer Mitversicherung bei einem Angehörigen. Diese muss bei der Sozialversicherung des versicherungspflichtig beschäftigten Angehörigen beantragt werden. Eine Mitversicherung kommt in Frage, wenn:

- der Angehörige selbst keine gesetzliche Krankenversicherung hat
- der Angehörige seinen gewöhnlichen Aufenthalt in Österreich hat

Das Familienmitglied, bei dem sich Angehörige mitversichern, muss entweder eine Pflichtversicherung oder eine Selbstversicherung (nach § 16 ASVG) in der Krankenversicherung haben. Eine Pflichtversicherung kann z.B. durch eine Beschäftigung, eine Pension oder eine Leistung des Arbeitsmarktservice (AMS) vorliegen. Die Mitversicherung ist nur für folgende Angehörige möglich:

- Ehegatten
- eingetragene Partner
- Lebensgefährten, egal, ob gleich- oder andersgeschlechtlich, wenn bestimmte Bedingungen erfüllt sind
- Kinder unter 18 Jahren (gilt auch für Stiefkinder, Wahlkinder, Enkelkinder, Pflegekinder)
- Kinder ab 18 Jahren, wenn bestimmte Bedingungen erfüllt sind (z.B. Studium, Erwerbsunfähigkeit)
- Familienangehörige in der Hausgemeinschaft, die unentgeltlich den Haushalt führen („Haushaltsführer"), sofern bestimmte Bedingungen erfüllt sind; dabei ist eine Prüfung des Einzelfalls notwendig

Der Kreis der möglichen Mitversicherten ist beschränkt

Tipp

Durch eine Scheidung endet die Mitversicherung des Partners. Dieser kann jedoch einen Antrag auf freiwillige Weiterversicherung (Selbstversicherung) stellen. Der Antrag soll innerhalb von sechs Wochen nach Rechtskraft der Scheidung gestellt werden, damit eine fortlaufende Versicherung besteht. Bei schlechten wirtschaftlichen Verhältnissen kann ein Antrag auf Ermäßigung der Beiträge gestellt werden. Die Entscheidung liegt jedoch beim Sozialversicherungsträger. Der Partner eines öffentlich Bediensteten kann weiterhin mitversichert bleiben, wenn der öffentlich Bedienstete gerichtlich zur Unterhaltszahlung verpflichtet wurde. Eine freiwillige Unterhaltszahlung ist nicht ausreichend.

Selbstversicherung in der Krankenversicherung beantragen

Generell sind in Österreich alle selbständig und unselbstständig Tätigen in einer Sozialversicherung und damit auch gesetzlich krankenversichert. Jedoch gibt es Ausnahmen:

- geringfügig Beschäftigte mit Wohnsitz in Österreich
- Studierende ohne eigene Krankenversicherung und ohne Mitversicherung
- pflegende Angehörige ohne eigene Krankenversicherung und ohne Mitversicherung
- weitere Personengruppen ohne eigene Krankenversicherung und ohne Mitversicherung

Diese Personengruppen können sich bei der Österreichischen Gesundheitskasse (ÖGK) freiwillig krankenversichern. Die Beantragung ist online möglich (https://www.gesundheitskasse.at/cdscontent/?contentid=10007.867314&portal=oegkportal). Die Kosten hängen vom Grund der Selbstversicherung ab. Für pflegende Angehörige fallen keine Kosten an, diese übernimmt der Familienlastenausgleichsfonds.

Pensionskonto einsehen

Noch nicht zwingend in den ersten Berufsjahren, jedoch immer stärker mit steigendem Lebensalter, stellt sich für die beruflich arbeitende Bevölkerung die Frage: Erfülle ich die Voraussetzungen für eine Alterspension? Und wie hoch wird diese nach heutigem Stand sein?

Wie hoch ist mein Pensionsanspruch?

Diese Informationen erhalten Sie auf Antrag bzw. in bestimmten Fällen auch automatisch von Ihrem Pensionsversicherungsträger. Schneller, ausführlicher und zugleich bequem erhalten Sie diese Informationen jedoch auch online. Hierzu rufen Sie bei Ihrem zuständigen Pensionsversicherungsträger den Dienst „Pensionskonto anzeigen" auf. Dort können Sie Auskunft über Ihre bisherigen Einzahlungen in das Pensionskonto, unterteilt nach Kalenderjahren und gesamt, ebenso erlangen wie die Anzahl der bisherigen Versicherungsmonate, die Erreichung von Mindestversicherungszeiten für den Bezug von Alterspension und die bisher erreichte Höhe der Pension.

Tipp

Für die Beauskunftung des Pensionskontos benötigen Sie neben der Handy-Signatur oder einer Karte mit Bürgerkartenfunktion keine Unterlagen, die Beauskunftung ist kostenfrei. Haben Sie einen Zugang zu Finanzonline (https://finanzonline.bmf.gv.at/fon/), dann können Sie auch über diesen Weg zu Ihrem Sozialversicherungsträger und Ihrem Pensionskonto gelangen. Mit der Kenntnis des Pensionskontos können Sie qualifizierter eine Entscheidung treffen, ob eine Höherversicherung (siehe Folgepunkt) oder der Nachkauf von Studienzeiten für Sie zweckmäßig sind.

Pension mit Höherversicherung aufpeppen

Bei der Höherversicherung handelt es sich um eine freiwillige Zahlung, mit welcher der zukünftige Pensionsanspruch erhöht werden kann. Sie kann nur zu einer in der Pensionsversicherung bereits bestehenden Pflicht-, Weiter- oder Selbstversicherung – unabhängig vom Lebensalter – beantragt werden. Wesentliche Vorteile der Höherversicherung sind:

- Mit der Einzahlung steht fest, um welchen Betrag die Pension mit Pensionsantritt steigt.
- Die Erhöhung (besonderer Steigerungsbetrag zur Pension) ist zu 75 Prozent steuerfrei und nur zu 25 Prozent steuerpflichtig.

- Der Steigerungsbetrag kann teilweise vererbt werden.
- Der Steigerungsbetrag wird mit der Monatspension 14-mal im Jahr ausgezahlt und entsprechend der Inflationsrate erhöht.

In jedem Kalenderjahr wird eine Jahreshöchstgrenze festgelegt, im Jahr 2023 sind dies 11.700 Euro. Der Nutzer der Höherversicherung kann innerhalb des Kalenderjahres bis zu dieser Höchstgrenze ein- oder mehrfach Einzahlungen vornehmen. Es besteht keine Verpflichtung zu Einzahlungen in einer bestimmten Höhe, diese kann in jedem Jahr zwischen 0 Euro und der Jahreshöchstgrenze gewählt werden. Hierbei gilt, dass Einzahlungen in jungen Lebensjahren zu höheren Steigerungsbeträgen bei der Pension führen, d.h. für die Einzahler besonders attraktiv sind.

Tipp

Weiterführende Informationen und Formulare zur Beantragung finden Sie unter https://www.pv.at/cdscontent/?contentid=10007.707788&portal=pvaportal

Studienzeiten für Pensionserhöhung nachkaufen

Der Nachkauf von Schul- und Studienzeiten für die Pension kann zwei Vorteile für Sie bedeuten:

- Sie erreichen mit den zugekauften Versicherungsmonaten wichtige Schwellen für den Pensionsantritt. Dies können die 180 Versicherungsmonate (15 Jahre) für die Pensionsberechtigung sein oder die 480 Versicherungsmonate für den Beginn der Korridorpension. Auch die Voraussetzung von 540 Versicherungsmonaten der Schwerarbeitspension (bei Alter von zumindest 60) ist hiermit auffüllbar.
- Sie können Ihre Pension durch zusätzliche Versicherungszeiten und -beiträge erhöhen.

Wichtige Grenzwerte durch den Zukauf überspringen

Es können für folgende Schul- und Studienzeiten Versicherungsmonate nachgekauft werden (Quelle: https://www.arbeiterkammer.at/beratung/arbeitundrecht/pension/pensionshoehe/Nachkauf_von_Schul-_und_Studienzeiten.html):

- **Mittlere Schule.** Höchstausmaß 2 Jahre
- **Höhere Schule oder Akademie.** Höchstausmaß 3 Jahre
- **Lehrinstitut für Dentisten.** Höchstausmaß 1 Jahr
- **Hochschule oder Kunstakademie.** Höchstausmaß 12 Semester

Gehen Sie wie folgt vor:

- Nehmen Sie Kontakt mit Ihrer Pensionsversicherung auf und klären Sie:
  - Wie viele Versicherungsmonate haben Sie bereits und wie viele benötigen Sie noch für einen bestimmten Schwellwert (siehe oben)?
  - Was kostet ein Versicherungsmonat im aktuellen Jahr (2022: 1.292,80 Euro; für Personen mit Geburtsdatum vor dem 1.1.1955 und Beantragung nach dem 60. Lebensjahr der 2,34-fache Wert) und welchen Vorteil haben Sie hierdurch bei der Pension?

- Füllen Sie das Formular aus:
  https://www.pv.at/cdscontent/?contentid=10007.707729&portal=pvaportal
- Erst mit der Zahlung der Beiträge wird die Beantragung rechtswirksam. Die Zahlung können Sie auch in Raten vornehmen, der maximale Zeitrahmen hierfür ist die dreifache Menge der nachgekauften Versicherungszeiten.

Tipp

Nachgekaufte Versicherungszeiten können in der Steuererklärung als Sonderausgaben zu Steuerersparnissen führen. Hierbei werden die erfolgten Zahlungen automatisch an das Finanzamt gemeldet.

In Pension gehen

Um in die normale Alterspension gehen zu können, müssen zwei Voraussetzungen erfüllt werden:

Für die normale Alterspension müssen zwei Bedingungen erfüllt werden

- **Gesetzliches Pensionsalter.** Das gesetzliche Pensionsalter muss erreicht sein. Dieses liegt bei Männern bei 65 Lebensjahren, bei Frauen aktuell bei 60 Lebensjahren. Ab dem Jahr 2024 wird das Pensionsalter bei Frauen je Jahr um sechs Monate angehoben und wird dann im Jahr 2033 ebenfalls 65 Jahre betragen.
- **Mindest-Versicherungsdauer.** Die Mindestversicherungsdauer beträgt 180 Monate und damit 15 Jahre. Sie müssen hiervon 84 Monate und damit sieben Jahre erwerbstätig gewesen sein. Zu den Zeiten der Erwerbstätigkeit zählen auch:
  - Zeiten der Pflege eines behinderten Kindes
  - Zeiten der Pflege eines oder einer nahen Angehörigen: ab Pflegestufe 3
  - Zeiten der Familien-Hospizkarenz
  - Zeiten der Kindererziehung

Um in Pension gehen zu können, muss ein Antrag gestellt werden. Die zuständige Stelle hierfür ist der Versicherungsträger, bei dem der Antragsteller in den letzten 15 Jahren überwiegend versichert war, z.B. die Pensions-Versicherungsanstalt.

Tipp

Den Antrag auf Pension können Sie schriftlich per Post oder E-Mail oder auch persönlich in der Landesstelle bzw. einem Beratertag stellen. Der Sozialversicherungsträger empfiehlt zumeist die persönliche Beantragung, da dann offene Fragen schnell geklärt werden können.

Korridorpension

Es ist möglich, nicht bereits mit dem Erreichen des gesetzlichen Pensionsalters in Pension zu gehen, sondern bis zu drei Jahre später. Pro zusätzlichem Arbeitsjahr gibt es dann einen Bonus von 4,2 Prozent. Auch müssen Arbeitgeber und Arbeitnehmer nur die Hälfte der ansonsten üblichen Sozialversicherungsbeiträge bezahlen.

Auch ist es möglich, dass Sie bei Vorliegen von zumindest 480 Versicherungsmonaten (40 Jahre) bereits bis zu drei Jahre früher in Pension gehen können. Allerdings ist der frühere

Tipp

Stellen Sie den Pensionsantrag zwei bis drei Monate vor dem geplanten Pensionsantritt. So verbleibt ausreichend Zeit zur Abklärung von Fragen.

Pensionsbeginn mit einem Malus behaftet: Pro Jahr des früheren Pensionsantritts gibt es einen Abschlag von 5,1 Prozent der Regelpension.

Schwerarbeitspension

Ab Vollendung des 60. Lebensjahres können Männer eine Schwerarbeitspension in Anspruch nehmen, wenn sie folgende Voraussetzungen erfüllen:

- Erwerb von 540 Versicherungsmonaten (45 Jahre) und
- Erwerb von zumindest 120 Schwerarbeitsmonaten (10 Jahre) in den letzten 240 Kalendermonaten (20 Jahre) vor dem Stichtag

Da bei Frauen bis zum Jahr 2024 das Regelpensionsalter sowieso bei 60 Jahren liegt, kommt diese Möglichkeit für Frauen erst ab diesem Jahr in Frage.

Als Schwerarbeit gelten bestimmte Tätigkeiten, die unter körperlich oder psychisch besonders belastenden Bedingungen erbracht werden (Quelle https://www.arbeiterkammer.at/beratung/arbeitundrecht/pension/pensionsformen/Frueher_in_Pension.html):

Was genau ist eigentlich Schwerarbeit?

- Schicht- oder Wechseldienst (unregelmäßige Nachtarbeit)
- regelmäßige Arbeit unter Hitze oder Kälte
- Arbeit unter chemischen oder physikalischen Einflüssen, wenn dadurch eine Minderung der Erwerbsfähigkeit von mindestens 10 Prozent verursacht wurde
- schwere körperliche Arbeit
- besonders belastende Pflege (beispielsweise Hospiz- oder Palliativmedizin)

Bei der Schwerarbeitspension gibt es pro Jahr des früheren Pensionsantritts einen Malus von 1,8 Prozent.

Tipp

Über die Höhe der Pension und die Erfüllung der Mindest-Versicherungszeiten können Sie sich in Ihrem Pensionskonto informieren (siehe „Pensionskonto einsehen“, ► Seite 56). Falls die Mindestversicherungszeit noch nicht erfüllt ist, kann es zweckmäßig sein, Schul- und Studienzeit zur Pensionserhöhung und Erreichung der Mindestversicherungszeit nachzukaufen (siehe „Studienzeiten für Pensionserhöhung nachkaufen“, ► Seite 57).

Langzeitversicherungspension (Hacklerregelung)

Männer können eine Langzeitversicherungspension in Anspruch nehmen, wenn sie folgende Voraussetzungen erfüllen:

- Vollendung des 62. Lebensjahres

- Erwerb von 540 Beitragsmonaten (45 Jahre): Das sind beispielsweise Arbeitsjahre und Präsenz- und Zivildienst, nicht jedoch Arbeitslosigkeit

Bei Frauen ist die Regelung komplizierter, da ja das Pensionsalter erst ab dem Jahr 2024 bis 2033 langsam von 60 Jahren auf 65 Jahre ansteigt.

Die Hacklerregelung kommt in Frage, wenn keine Schwerarbeit vorliegt

Geburt	Pensions-Antrittsalter	Beitragsmonate
1959	57	504 (42 Jahre)
1960	58	516 (43 Jahre)
1961	59	528 (44 Jahre)
1.1.1962 bis 1.12.1963	60	540 (45 Jahre)
2.12.1963 bis 1.6.1964	60 Jahre 6 Monate	
2.6.1964 bis 1.12.1964	61	
2.12.1964 bis 1.6.1965	61 Jahre 6 Monate	
ab 2.6.1965	62	

Quelle: https://www.arbeiterkammer.at/beratung/arbeitundrecht/pension/pensionsformen/Frueher_in_Pension.html

Die Hacklerregelung ist mit einem Malus von 4,2 Prozent pro Jahr des vorzeitigen Pensionsbeginns verbunden.

Altersteilzeit nehmen

Bei der Altersteilzeit können Arbeitnehmer ihre Arbeitszeit vor Beginn des Regelpensionsalters reduzieren. Dies ist in einem Zeitraum von fünf Jahren vor dem Beginn möglich. Bei Männern also ab dem 60. Lebensjahr, bei Frauen ansteigend vom 55. bis zum 60. Lebensjahr. Dies liegt am ab dem Jahr 2024 ansteigenden Regelpensionsalter von Frauen.

Bei der Altersteilzeit reduziert der Arbeitnehmer seine Arbeitszeit um 40 bis 60 Prozent und erhält auch entsprechend weniger Lohn oder Gehalt. Allerdings erhält er zusätzlich vom Arbeitsmarktservice (AMS) ein Altersteilzeitentgelt von 50 Prozent des Unterschiedsbetrages.

Beispiel: Reduktion Arbeitszeit um 40 Prozent

- **Bisheriges Gehalt.** 2.000,– Euro
- **Reduktion um 40 Prozent.** – 800,– Euro
- **Neues Gehalt.** 1.200,– Euro
- **Unterschiedsbetrag.** 800,– Euro
- **50 Prozent des Unterschiedsbetrags.** 400,– Euro
- **Verdienst + Altersteilzeitentgelt.** 1.600,– Euro

Die bisherigen Sozialversicherungsbeiträge, d.h. auch der Beitrag zur Pensionsversicherung, werden vom Arbeitgeber weiterhin in voller Höhe bezahlt, auch auf die Höhe der Abfertigung hat diese Regel keine Auswirkungen.

Tipp

Für die Prüfung der Altersteilzeit hat der Arbeitsmarktservice unter https://www.amsratgeber.at/ratgeber-arbeitsuchende/altersteilzeitgeld/ einen Online-Rechner erstellt.
Den Altersteilzeitrechner der Arbeiterkammer finden Sie unter https://altersteilzeit.arbeiterkammer.at/

Witwenpension trotz Scheidung erhalten

Unter bestimmten Voraussetzungen hat auch der frühere Ehegatte oder Partner Anspruch auf Witwenpension bzw. einen Versorgungsgenuss. Voraussetzung ist, dass der Partner aufgrund eines gerichtlichen Urteiles oder Vergleiches oder auch aufgrund einer vor Auflösung der Ehe eingegangenen vertraglichen Verpflichtung Unterhalt zu bezahlen hatte. Eine Witwenpension steht dem Geschiedenen auch dann zu, wenn der Verstorbene nach Rechtskraft der Scheidung regelmäßig, jedoch mindestens ein ganzes Jahr, bis zu seinem Tod Unterhalt geleistet und die Ehe mindestens zehn Jahre bestanden hatte.

Diese Witwenpension bzw. der Versorgungsgenuss wird nur auf Antrag gewährt. Es sind folgende Unterlagen bei der BVAEB (Versicherungsanstalt öffentlich Bediensteter, Eisenbahnen und Bergbau) für Beamte oder der PVA (Pensionsversicherungsanstalt) einzureichen:

- ein Antrag auf Witwenpension bzw. Versorgungsgenuss als früherer Ehegatte oder Partner
- die Sterbeurkunde
- Geburtsurkunde (Taufschein) des Hinterbliebenen
- die Heiratsurkunde bzw. Partnerschaftsurkunde
- das Scheidungsurteil bzw. Auslösungsentscheidung mit Rechtskraftklausel
- alle Unterlagen über die Unterhaltsverpflichtung (gerichtliches Urteil, gerichtlicher Vergleich, eine vor Auflösung oder Nichtigerklärung der Ehe schriftlich eingegangene Verpflichtung)
- eine Erklärung über allfällige Unterhaltsleistungen
- ein Beleg mit Versicherungsnummer (z.B. Versicherungskarte, Krankenschein) des überlebenden Ehegatten oder Partners
- ein ausgefüllter, unterschriebener Fragebogen
- eine Pensionskontoerklärung (erhältlich bei den Kreditinstituten)

Witwen-pension gibt es nur auf Antrag mit umfangreichen Unterlagen

Die Höhe der Witwenpension für den Geschiedenen ist nach oben hin begrenzt:

- mit dem Pensionsanspruch der „echten" Witwe
- mit der Höhe des festgelegten Unterhalts

Die Begrenzung auf den Unterhalt gilt jedoch nicht, wenn die Ehe wegen der drei- bzw. sechsjährigen Auflösung der häuslichen Gemeinschaft geschieden wurde, die Ehe zumindest 15 Jahre bestanden hat, der Witwer zumindest 40 Jahre alt oder erwerbsunfähig ist oder aus der Ehe ein noch nicht selbsterhaltungsfähiges Kind hat.

Tipp

Sofern im Rahmen der Scheidung eine Unterhaltsverpflichtung vereinbart wird, sollte der Unterhaltsempfänger auch obige Unterlagen für die Beantragung der Witwenpension erhalten. Formulare erhalten Sie unter

- http://www.bva.at/cdscontent/?contentid=10007.677005&viewmode=content
- https://www.pensionsversicherung.at/cdscontent/?contentid=10007.707756&viewmode=content

Die Witwenpension wird nur bis zu einer Wiederverheiratung, zum Eingehen einer eingetragenen Partnerschaft gezahlt. Allerdings wird bei einer zeitlich nicht begrenzten Pension dann eine Abfertigung in Höhe der 35-fachen Monatspension ausgezahlt. Wird jedoch die neue Partnerschaft wieder aufgelöst und ist der bisherige Bezieher der Witwenpension zumindest überwiegend nicht schuldig, kann die Witwenpension erneut beantragt werden. Eine zeitlich begrenzte Pension lebt hingegen nicht erneut auf.

Kur beantragen

Bei der klassischen Kur handelt es sich um eine medizinische Maßnahme zur Erhaltung und Festigung der Gesundheit oder zur Linderung von chronischen Leiden. Typische Krankheitsbilder für eine Kur sind:

Nicht jede Erkrankung kann im Rahmen einer Kur behandelt werden

- Erkrankungen des Stütz- und Bewegungsapparates
- Stoffwechselerkrankungen
- Atemwegserkrankungen
- Hauterkrankungen
- periphere arterielle Verschlusskrankheit

Ein Kuraufenthalt dient der Festigung der Gesundheit. Zusätzlich soll die Arbeitsfähigkeit oder die Fähigkeit, für die lebensnotwendigen Bedürfnisse zu sorgen, nachhaltig gefestigt oder verbessert werden. Wann eine Kur notwendig ist, entscheidet in der Regel der behandelnde Arzt.

Ein Kuraufenthalt kann bei medizinischer Notwendigkeit innerhalb von 5 Jahren maximal zweimal beantragt werden. Eine Wiederholungskur ist frühestens 18 Monate nach Beendigung der letzten Kur möglich. Eine häufigere Inanspruchnahme wird nur bei „besonderer medizinischer Begründung" genehmigt.

Eine Kur können generell alle sozialversicherten Personen beantragen. Hierfür ist zuallererst die Befürwortung des behandelnden Arztes mit der genauen Diagnose erforderlich. Beim zuständigen Sozialversicherungsträger (Kranken- bzw. Pensionsversicherungsträger) ist die Kur dann zu beantragen. Das entsprechende Formular ist auf der Website des Versicherungsträgers verfügbar oder kann in den Servicestellen angefordert werden. Die Kur muss vom Versicherungsträger bewilligt werden, ein Rechtsanspruch auf die Kur besteht nicht.

Ein Anspruch auf einen bestimmten Kurort besteht nicht, auch kann die kalendarische Zeit nicht frei gewählt werden. Es können jedoch Wünsche geäußert werden, die der Versicherungsträger nach Möglichkeit berücksichtigt. Hierzu ist einerseits die Eignung der jeweiligen Kureinrichtung in Hinblick auf die Diagnose relevant und andererseits die Verfügbarkeit von Betten und Behandlungsplätzen.

Tipp

Ein Kuraufenthalt dauert zumeist 22 Kalendertage, wobei auch eine Verlängerung möglich ist. Wenn vom Versicherungsträger bewilligt, aber nicht im Inland verfügbar, kann es auch zu einem Kuraufenthalt im Ausland kommen. Die Mitnahme des Partners als Begleitperson ist möglich und sollte bei der Beantragung mit angegeben werden. Handelt es sich um eine private Begleitperson ohne Bewilligung einer eigenen Kur oder ohne Bewilligung als Begleitperson aus medizinischen Gründen, so ist ein Kostenbeitrag zu bezahlen. Eine Kostenübernahme durch den Sozialversicherungsträger erfolgt hingegen, wenn die Begleitperson aus medizinischen Gründen dem Patienten bei den alltäglichen Verrichtungen, der Körperpflege und bei der Fortbewegung im Haus behilflich sein muss. Die Notwendigkeit dafür muss bereits bei der Antragstellung im Antragsformular durch den Operateur oder vom Hausarzt festgestellt und vorgemerkt werden.

Pflegegeld beantragen

In Österreich richtet sich die Höhe des Pflegegeldes nach dem zeitlichen Pflegebedarf. Voraussetzung dafür sind einerseits ein Wohnort in Österreich und andererseits ein Mindestumfang an Pflegebedarf von 65 Stunden im Monat. Der Bedarf an Unterstützung kann beim Kochen, Essen, der Körperpflege oder bei Hilfsleistungen aus dem sachlichen Lebensbereich bestehen. Ob dies in diesem oder höheren Umfang gegeben ist, wird durch einen Arzt oder eine Pflegefachkraft festgestellt.

Der Pflegebedarf und das Pflegegeld (ab 1. Jänner 2022) für die unterschiedlichen Pflegestufen haben die folgenden Beträge:

Pflegebedarf in Stunden pro Monat	Pflegestufe	Pflegegeld (Euro, netto/Monat)
mehr als 65 Stunden	1	165,40
mehr als 95 Stunden	2	305,–
mehr als 120 Stunden	3	475,20
mehr als 160 Stunden	4	712,70
mehr als 180 Stunden, wenn ein außergewöhnlicher Pflegeaufwand erforderlich ist	5	968,10
mehr als 180 Stunden, wenn zeitlich unkoordinierbare Betreuungsmaßnahmen erforderlich sind und diese regelmäßig während des Tages und der Nacht zu erbringen sind oder die dauernde Anwesenheit einer Pflegeperson während des Tages und der Nacht erforderlich ist, weil die Wahrscheinlichkeit einer Eigen- oder Fremdgefährdung gegeben ist	6	1351,80
mehr als 180 Stunden, wenn keine zielgerichteten Bewegungen der vier Extremitäten mit funktioneller Umsetzung möglich sind oder ein gleich zu achtender Zustand vorliegt	7	1776,50

Quelle: https://www.oesterreich.gv.at/themen/soziales/pflege/4/Seite.360516.html

Das Pflegegeld steigt mit der Höhe des Pflegebedarfs

Das Prinzip ist klar: Je stärker der Pflegebedürftige eingeschränkt ist, desto höher ist die staatliche Unterstützung. Der Zuschuss wird zwölfmal im Jahr am Ende des Monats ausgezahlt und steht dem Pflegebedürftigen zu. Das Pflegegeld kann zur Bezahlung von pflegenden Angehörigen oder auch von externen Unterstützern wie einer 24-Stunden-Betreuung eingesetzt werden. Wichtig auch: Die Zahlung ist vom Abzug von Steuern und Sozialabgaben befreit. Das Pflegegeld wird seit 2020 jährlich an die Inflationsentwicklung angepasst.

Während eines Krankenhaus- oder Kuraufenthalts wird das Pflegegeld ab dem zweiten Tag nicht mehr ausgezahlt. Der Gedanke dahinter ist, dass der Pflegebedürftige ja im Krankenhaus oder der Kureinrichtung ausreichend gepflegt wird und daher des Zuschusses nicht bedarf.

Tipp

Einige Kosten, insbesondere für 24-Stunden-Kräfte, laufen während des Krankenhaus- und Kuraufenthalts jedoch weiter. Auch ist es durchaus zweckmäßig, dass die 24-Stunden-Kräfte sich im Krankenhaus um den Pflegebedürftigen kümmern und so eine intensivere Betreuung als in der Regelbetreuung durch das Krankenhaus ermöglichen. Auf Antrag kann daher das Pflegegeld auch während Krankenhaus- oder Kuraufenthalten weitergezahlt werden. Da der Krankenhaus- oder Kuraufenthalt an die Stelle, die das Pflegegeld auszahlt, gemeldet werden muss, kann in diesem Zusammenhang direkt die Fortzahlung beantragt werden.

Den Antrag auf Pflegegeldzahlung oder Erhöhung des Pflegegeldes bei höherem Pflegeaufwand müssen Sie bei dem Sozialversicherungsträger des Pflegebedürftigen stellen. Das Formular erhalten Sie unter https://www.oesterreich.gv.at/themen/soziales/pflege/4/1/Seite.360517.html.

Je nach Sozialversicherungsträger kann es zur Anrechnung von anderen finanziellen Unterstützungsleistungen kommen. So mindert sich der Auszahlungsbetrag bei der SVS (Sozialversicherung der Selbstständigen) um:

- 60 Euro im Monat, sofern der Pflegegeldbezieher Anspruch auf erhöhte Familienbeihilfe hat
- pflegebezogene Geldleistungen, die nach anderen bundesgesetzlichen oder ausländischen Vorschriften (z.B. Blindenzulage) gewährt werden

Wenn der Pflegebedürftige in einem Pflegeheim (auch: Altenheim, Altersheim, Erziehungsheim) wohnt, welches unter Kostenbeteiligung des Bundes, des Landes oder einer Sozialhilfeorganisation betrieben wird, werden 80 Prozent des Pflegegeldes direkt an den Heimträger überwiesen. Der Pflegebedürftige erhält ein monatliches Taschengeld in Höhe von 46,70 Euro.

Zuschuss zur 24-Stunden-Betreuung beantragen

Der Staat gibt einen Zuschuss zu den Kosten der 24-Stunden-Betreuung

Wird von einem Pflegebedürftigen eine 24-Stunden-Betreuung benötigt, so beteiligt sich unter bestimmten Umständen auch der Staat an den Kosten. Zuständig sind die neun Landesstellen des Sozialministeriumservice. Dort können Sie (auch online) den Antrag auf einen Zuschuss stellen unter https://www.sozialministeriumservice.at/Finanzielles/Pflegeunterstuetzungen/24-Stunden-Betreuung/24-Stunden-Betreuung.de.html

Die 24-Stunden-Betreuung wird üblicherweise durch zwei Betreuer geleistet, die sich alle zwei Wochen abwechseln. Handelt es sich hierbei um unselbstständige Arbeitskräfte, so beträgt der Zuschuss bis zu 1.100 Euro im Monat, bei Werkverträgen von selbstständigen Betreuern bis zu 550 Euro im Monat. Dies jeweils gesamt für beide Betreuer.

Tipp

Eine Förderung ist frühestens ab Beginn des Betreuungsverhältnisses oder bei späterer Antragstellung frühestens ab dem Vormonat der Antragstellung möglich. Der Antrag sollte daher möglichst frühzeitig und spätestens einen Monat nach Beginn der Betreuung gestellt werden, um kein Geld zu verschenken.

Folgende Voraussetzungen müssen gegeben sein:

- Die betreute Person muss mindestens in der Pflegestufe 3 eingeordnet sein.
- Bezieht die pflegebedürftige Person ein Pflegegeld der Stufen 3 oder 4, so ist die Notwendigkeit einer 24-Stunden-Betreuung durch das Sozialministeriumservice gesondert festzustellen. Die Entscheidung erfolgt auf Basis des zuletzt erstellten Pflegegeldgutachtens. Ab der Pflegestufe 5 wird von der Notwendigkeit einer 24-Stunden-Betreuung ausgegangen.
- Ein Vertragsverhältnis der Betreuungskraft zur pflegebedürftigen Person, zu einem Angehörigen oder zu einem gemeinnützigen Anbieter muss vorliegen.

- Die Betreuungskräfte müssen entweder eine theoretische Ausbildung nachweisen, die im Wesentlichen derjenigen eines Heimhelfers entspricht, oder seit mindestens sechs Monaten die Betreuung der pflegebedürftigen Person sachgerecht durchgeführt haben. Alternativ dazu muss eine fachspezifische Ermächtigung der Betreuungskraft zu pflegerischen Tätigkeiten vorliegen.
- Die Fördergewährung für ein und dieselbe Betreuungskraft ist innerhalb eines Kalendermonates nur für ein Betreuungsverhältnis möglich.
- Die Förderung wird unabhängig vom Vermögen der zu betreuenden Person gewährt, jedoch gibt es Grenzen beim Einkommen:
  - Monatsnettoeinkommen beträgt maximal 2.500 Euro (ohne Berücksichtigung von Pflegegeld, Sonderzahlungen, Familienbeihilfe, Kinderbetreuungsgeld, Wohnbeihilfe).
  - Für jeden unterhaltsberechtigten Angehörigen erhöht sich die Betragsgrenze um 400 Euro bzw. 600 Euro bei Behinderten.
  - Sofern das Nettomonatseinkommen stark schwankt, ist ein Zwölftel des Jahresnettoeinkommens heranzuziehen.

Zuständige Stelle ist die jeweilige Landesstelle des Sozialministeriumservice (Adresse siehe Adressen/Links, ► Seite 137).

Auch das Bundesland kann zusätzliche finanzielle Unterstützung leisten

Das Land Vorarlberg und der Vorarlberger Gemeindeverband haben sich auf eine zusätzliche Förderung für jene Menschen geeinigt, die eine 24-Stunden-Betreuung in Anspruch nehmen. Es werden je Monat zusätzlich 300 Euro bei einer Pflegekraft oder 600 Euro bei zwei Pflegekräften bezahlt. Zusätzlich ist eine höhere Sonderleistung bei Härtefällen möglich. Dies jedoch nur dann, wenn:

- trotz der Förderung und des Vermögenseinsatzes die Kosten einer 24-Stunden-Betreuung nicht abgedeckt werden können
- oder das Vermögen bereits aufgebraucht wurde und eine Bestätigung des „Case Managements" vorliegt, dass ohne 24-Stunden-Betreuung eine Aufnahme in eine stationäre Pflegeeinrichtung notwendig wäre. Die Höhe dieser Sonderleistung darf den Aufwand einer vergleichbaren stationären Pflegeeinrichtung jedoch nicht überschreiten.

Die Voraussetzungen sind:

- Bezug des Pflegegeldes ab Stufe 4 des Bundespflegegeldgesetzes
- in Pflegestufe 3 Bestätigung der Notwendigkeit einer 24-Stunden-Betreuung durch das örtliche „Case Management"
- Bezug der Förderung zur Unterstützung der 24-Stunden-Betreuung durch das Sozialministeriumservice
- Die Förderhöhe reduziert sich in jenem Ausmaß, in dem das monatliche Einkommen der zu betreuenden Person 1.600 Euro, bei Paaren (Bedarfsgemeinschaften) 1.900 Euro übersteigt.
- Zum Einkommen zählen alle regelmäßigen Geldflüsse, wie z.B. Pensionen und Mieterträge. Nicht zum Einkommen zählen Sonderzahlungen, das Pflegegeld und die Förderung des Sozialministeriumservices.

Diese zusätzliche Förderung muss mit dem „Antrag auf Gewährung von Mindestsicherung" beantragt werden. Der Antrag ist beim Gemeindeamt oder Rathaus abzugeben.

Tipp

Fragen Sie bei der für Sie zuständigen Landesstelle des Sozialministeriumservice nach, ob es auch landesspezifische Förderungen gibt.

Geld und Finanzen

Für unsere Arbeit erhalten wir Geld, das wir für unseren Lebensunterhalt, Urlaub und für Geldveranlagungen ausgeben. Inzwischen nur noch teilweise in Form von Bargeld und immer stärker mit Abbuchungsaufträgen, Lastschriften und Plastikgeld. Da stellt sich die Frage, was man machen kann, wenn mit den Zahlungen mal etwas schiefgeht.

Telefonrechnung reklamieren

Telefonrechnungen sind nicht immer korrekt, zumindest aber können sie sehr überraschend sein. Nämlich dann, wenn über die Telefonrechnung auch Mehrwertdienste abgerechnet werden, für die zum Teil hohe Kosten anfallen. Mehrwertdienste sind Dienstleistungen über das Telefon (inkl. SMS), die über die Telefonabrechnung bezahlt werden. Sie dürfen nur in bestimmten Nummernblöcken angeboten werden, dies sind die Vorwahlen 0810, 0820, 0821, 0900, 0901, 0930, 0931, 0939 und 118.

Mehrwertdienste können sehr teuer sein, auch wenn der Gesetzgeber bereits eine gewisse Begrenzung der Kosten vorgenommen hat: Ein Anruf zu einer Mehrwertnummer darf höchstens 3,64 Euro pro Minute kosten. Zusätzlich muss der Anbieter die Verbindung nach einer bestimmten Dauer automatisch trennen: Kostet der Anruf mehr als 2,20 Euro pro Minute, so muss das Gespräch nach 30 Minuten beendet werden, ansonsten nach 60 Minuten. Ein Gespräch kann daher maximal 132 Euro kosten.

Zum Glück vom Gesetzgeber begrenzt, sonst könnte es noch schlimmer kommen

Tipp

Anbieter von Kommunikationsdiensten müssen auf Ihren Wunsch hin eine Sperre für Mehrwertdienste für Ihren Anschluss einrichten. Diese Sperre ist kostenlos.

Stellen Sie eine derartige Position in Ihrer Telefonrechnung fest, so sollten Sie diese prüfen. Dies können Sie über den Einzelentgeltnachweis, in dem alle Anrufe aufgezeichnet sind. Auf Ihrer Telefon-/Internetrechnung sind Mehrwertdienste gesondert unter verschiedenen Bezeichnungen („Premium Dienste", „Spezielle Nummern", „Verbindungen zu 0900, 0930 …") aufgelistet. Haben Sie von einem aufgelisteten Mehrwertdienstanbieter keine Leistung in Anspruch genommen, z.B. weil Sie in Urlaub waren, so sollten Sie die Rechnungsposition beim Anbieter des Kommunikationsdienstes beeinspruchen. Dieser sollte dann mit dem Anbieter des Mehrwertdienstes eine Klärung herbeiführen.

Tipp

Die Schlichtungsstelle für Kommunikationsdienste (www.rtr.at) kann Ihnen helfen, wenn Sie ein Problem mit einem Anbieter eines elektronischen Kommunikationsdienstes haben. Unter diesen Begriff fallen z.B. Telefon-, Internet-, Kabelnetzprodukte, Pay-TV-Abos und auch bestimmte Mail- und Messengerdienste. Beispiele für Probleme sind Unklarheiten mit einer Abrechnung oder wenn technische Probleme (z.B. beim Internetanschluss) vorliegen.

Die Bank arbeitssparend wechseln

Sie sind mit den Leistungen Ihrer bisherigen Bank nicht zufrieden oder erhalten bei einer anderen Bank bessere Konditionen? Dann sollten Sie überlegen, die Bank zu wechseln. Sind beide Banken in Österreich beheimatet, so geht dies weitgehend automatisch, da die bisherige Bank gesetzlich zur Mitarbeit verpflichtet ist. Sie gehen in folgenden Schritten vor:

- Entscheidung treffen für eine neue Bank

- Sie geben der neuen Bank den Auftrag zum Bankwechsel. Hierfür benötigen Sie IBAN und BIC Ihrer bisherigen Bankverbindung.
- Innerhalb von zwei Bankarbeitstagen teilt die neue Bank den Wechsel der Bankverbindung der alten Bank mit. Die bisherige Bank hat fünf Bankarbeitstage Zeit, um der neuen Bank alle Daten zu Abbuchungsaufträgen, Daueraufträgen, bestehenden Aufträgen, Lastschriften etc. mitzuteilen.
- Die neue Bank hat erneut fünf Arbeitstage Zeit, um die Daten in das eigene System einzutragen und Zahlern sowie Zahlungsempfängern die neuen Kontodaten mitzuteilen.
- Sie schließen Ihr altes Konto, die Kündigungsfrist hierfür beträgt maximal einen Monat.

Tipp

Das alte Konto sollte zumindest eine kurze Zeit parallel geführt werden, falls Zahlungen übersehen wurden.

Mit Post-Ident-Verfahren identifizieren

Das Post-Ident-Verfahren wird üblicherweise dort eingesetzt, wo es keinen persönlichen Kontakt zwischen den Vertragspartnern gibt, eine zweifelsfreie Identifizierung des Kunden jedoch erforderlich ist. Klassisches Beispiel hierfür ist die Eröffnung eines Kontos oder Depots bei einer Direktbank. Mangels eigener Geschäftsstellen kann die gesetzlich vorgeschriebene Identifikation des Kunden nicht persönlich durchgeführt werden.

Die Identifizierung erfolgt in der nächsten Postfiliale

Üblicherweise gibt der (zukünftige) Kunde alle erforderlichen Daten über das Internet ein. Dies sind seine persönlichen Daten inklusive der Nummer des Ausweisdokuments und des Antrags auf Konto- und/oder Depoteröffnung. Nach einigen Tagen erhält der Kunde seinen Vertrag sowie ein Identifikationsformular per Post. Mit diesen Unterlagen und dem Ausweisdokument geht der Kunde zur nächsten Postfiliale, wo dann von den Postmitarbeitern die Identifikation vorgenommen und auf den Dokumenten vermerkt wird. Diese Unterlagen sendet die Post an den Anbieter, der dem Kunden nach Annahme des Antrags die unterschriebenen Kontounterlagen und – zumeist mittels separater Post – die Zugangsdaten zusendet.

Tipp

Das Post-Ident-Verfahren ist ein sicheres und anerkanntes Verfahren zur Identifikation. Nachteilig für den Kunden sind jedoch der zusätzliche Gang zur Postfiliale und die Wartezeit von mehreren Tagen bis zum Vertragsabschluss.

Mit Video-Verfahren identifizieren

Eine modernere und auch bequemere Alternative zum Post-Ident-Verfahren ist die Identifikation mittels Video (Video-Ident-Verfahren). Hierbei gibt es mehrere ähnliche Verfahren und mehrere Anbieter. Der Kunde benötigt immer einen Computer mit Mikrofon und Webcam, eine Internetanbindung und seine Ausweisdokumente. Der gesamte Vorgang dauert nur rund zehn Minuten. Der prinzipielle Ablauf stellt sich wie folgt dar:

- Sie als zukünftiger Kunde geben über das Internet beim gewünschten Anbieter von Konten, Depots oder auch Krediten Ihre Daten ein. Anschließend erhalten Sie vom Anbieter eine Vorgangsnummer für den beauftragten Dienstleister der Video-Identifikation.
- Beim Anbieter der Video-Identifikation geben Sie jetzt die Vorgangsnummer und einen Teil Ihrer Daten ein. Es meldet sich ein Mitarbeiter des Anbieters und führt Sie durch das weitere Prozedere der Identifikation.
- Sie müssen Ihren Ausweis mit der Vorderseite und anschließend mit der Rückseite in die Kamera halten und langsam nach vorne und hinten kippen. Der Ausweis wird fotografiert und gescannt und anhand der Sicherheitsmerkmale auf Echtheit überprüft. Der Mitarbeiter prüft zusätzlich, ob Ihr Gesicht zum Bild im Ausweis passt. Alle Ausweisdaten werden noch einmal auf dem Bildschirm eingeblendet, damit Sie kontrollieren können, ob alles richtig eingegeben wurde.
- Stimmt alles, schickt der Mitarbeiter Ihnen eine Sicherheitsnummer (TAN) per SMS oder E-Mail. Sobald Sie diese in die Maske eingegeben und bestätigt haben, ist die Videoidentifikation beendet. Ihre Daten werden verschlüsselt an Ihren Anbieter übermittelt, Sie selbst erhalten eine Bestätigung über die erfolgreiche Legitimierung. Vom Vertragspartner für Konto, Depot oder Kredit erhalten Sie dann per Post die Vertragsunterlagen sowie – zumeist mittels separater Post – die Zugangsdaten zugesandt.

Die Prüfung des Ausweises ist dank moderner Technik auch online möglich

Tipp

Das Video-Verfahren bietet mit der erheblichen Zeitersparnis und auch dem Verzicht auf den Besuch der Postfiliale wesentliche Vorteile gegenüber dem Post-Ident-Verfahren. Sofern bei Ihnen die technischen Voraussetzungen mit Web-Cam und Mikrofon gegeben sind, sollte das Video-Verfahren gegenüber dem Post-Ident-Verfahren bevorzugt werden. Als sicher gelten beide Verfahren.

Datenspeicherung beauskunften und löschen

Grundsätzlich haben alle Unternehmen nach der Datenschutz-Grundverordnung (DSGVO) die Pflicht, mit allen personenbezogenen Daten von Privatpersonen sehr sorgsam umzugehen. Sie dürfen nicht ohne triftigen Grund (Einwilligung oder im Rahmen der Geschäftsbeziehung) gesammelt werden und müssen sorgfältig, d.h. einen Missbrauch oder Verlust ausschließend, aufbewahrt und verarbeitet werden.

Die Datenschutz-Grundverordnung gibt Privatpersonen einige wesentliche Rechte gegenüber den Unternehmen.

Auskunftsrecht. Jeder Betroffene kann beim Unternehmen formlos die Auskunft beantragen, welche Daten über ihn gespeichert sind.

Recht auf Berichtigung. Kann der Betroffene nachweisen, dass die über ihn gespeicherten Daten falsch sind, so steht ihm das Recht auf Berichtigung der falschen Daten zu.

Recht auf Löschung. Der Betroffene kann die Löschung der über ihn gespeicherten Daten verlangen, wenn

- die Einwilligung zur Datenverarbeitung widerrufen wurde,

- die Daten unrechtmäßig verarbeitet wurden,
- der Grund für die Speicherung bzw. Verarbeitung entfallen ist,
- Widerspruch gegen die Verarbeitung eingelegt wurde und es keine vorrangigen Gründe für die Verarbeitung gibt.

Recht auf Einschränkung der Verarbeitung. Der Betroffene kann die Einschränkung der Verarbeitung für die Zeit fordern, in der die Richtigkeit der Daten überprüft wird oder der Unternehmer prüft, ob er ein vorrangiges Interesse an der Verarbeitung hat.

Recht auf Datenübertragbarkeit. Dieses Recht besteht nur bei Verarbeitungen mittels automatisierter Verfahren. Alle Dokumente in Papierform sind hiervon ausgenommen. Die Daten sind in einem strukturierten, gängigen und maschinenlesbaren Format zu übermitteln. Hierzu zählen keine PDF-Dokumente, wohl aber die Formate XML, JSON oder CSV.

Die Betroffenenrechte sind innerhalb eines Monats, spätestens aber innerhalb von drei Monaten zu erfüllen.

Tipp

Sofern Sie den Eindruck oder Verdacht haben, dass Ihre persönlichen Daten wie Kreditkartendaten und Informationen zum Einkaufsverhalten von einem Unternehmen gespeichert werden, können Sie eine Auskunft über die gespeicherten Daten verlangen. Hierzu müssen Sie sich nur auf die Datenschutz-Grundverordnung berufen. Der Antrag kann zwar formlos erfolgen, jedoch hat die zuständige Datenschutzbehörde (www.dsb.gv.at) hierfür auch Formulare entwickelt. Wird Ihnen die Auskunft oder die spätere Löschung bzw. Korrektur der Daten grundlos verweigert, können Sie bei der Datenschutzbehörde auch Beschwerde einlegen. Formulare unter https://www.dsb.gv.at/download-links/dokumente.html

Daten von Schufa und KSV1870 prüfen und korrigieren

Die über Sie gespeicherten Daten werden für vielfältige Zwecke verwendet

Auskunfteien wie in Deutschland die Schufa (Schutzgemeinschaft für allgemeine Kreditsicherheit) und in Österreich der KSV1870 sammeln Daten von Unternehmen und Privatpersonen, die eine Aussagekraft für die Kreditsicherheit haben können. Aus diesen Daten wird in der Regel eine Kennzahl errechnet, die dann für die Zuverlässigkeit in Finanzfragen steht. Und diese Kennzahl und weiteres Datenmaterial werden dann an Unternehmen oder auch Privatpersonen verkauft, die sich ein Bild über die Zuverlässigkeit der beauskunfteten Person machen wollen. Wie immer bei einer Datensammlung kann es hierbei natürlich vorkommen, dass sich Fehler einschleichen, z.B. durch die Weitergabe von falschen Daten durch Unternehmen. Und die Auswirkungen von falschen Daten werden einem schnell klar, wenn man sieht, für welche Auskünfte z.B. der KSV1870 die Informationen verwendet:

- InfoPass für Behörden, z.B. für Magistrat/MA35, Visum und Staatsbürgerschaft
- InfoPass für Finanzierer, z.B. Banken und Finanzdienstleister
- InfoPass für Mieter, z.B. für die Wohnungssuche
- InfoPass für Bewerber, z.B. für die Jobsuche

Spätestens bei der Ablehnung der eigenen Person bei der Suche nach einem Kredit (auch einfache Kontolinie), einer Wohnung oder einem neuen Job mit Hinweis auf die Zuverlässigkeit sollten daher auch die Daten bei der Schufa und dem KSV1870 überprüft und im Falle von Fehlern korrigiert werden. Für die Beauskunftung stehen Ihnen prinzipiell zwei Möglichkeiten offen:

- Sie kaufen die Dienstleistungen der Auskunftei, d.h., Sie machen quasi eine (bezahlte) Selbstauskunft. Diese beinhaltet neben den nackten Daten auch eine Aussage in Form einer Kennzahl zu Ihrer Zuverlässigkeit.
- Sie machen eine Abfrage gemäß §15 Datenschutz-Grundverordnung (DSGVO; siehe vorherigen Eintrag). Diese ist kostenlos, beinhaltet jedoch in der Regel nur die gespeicherten Daten und nicht die Ergebnisse hieraus.

Prüfen Sie, welche Daten die Auskunftei über Sie gespeichert hat

Tipp

Zumindest die Schufa in Deutschland bietet die Beauskunftung nach der DSGVO aktiv an. Diese können Sie anfordern unter https://www.meineschufa.de/de/datenkopie. Die Bonitätsauskünfte erhalten Sie bei der Schufa unter dem gleichen Link, beim KSV1870 unter https://www.ksv.at/fuer-privatpersonen/selbstauskunft. Wenn Sie der Meinung sind, dass die gespeicherten Daten falsch sind, können Sie diese unter Vorlage von Beweisen bei der Auskunftei ändern oder löschen lassen. Zumeist lässt die Art der Daten (Mietauskunft, Aussage zu Ratenaussetzungen bei einem Kredit etc.) erkennen, wer diese falschen Daten gegeben hat. Dann können und sollten Sie auch den Verursacher zur Datenkorrektur und -löschung auffordern, zusätzlich dazu auch fordern, dass dieser die Daten bei der Auskunftei ändert oder löscht. Für die Klärung von unterschiedlichen Sichtweisen hat zumindest die Schufa eine Ombudsstelle eingerichtet.

Plastikgeld sperren

Sie stellen fest, dass Sie Ihre Kredit- oder Zahlungskarten nicht mehr finden? Entweder Ihr gesamtes Portemonnaie fehlt oder der übliche Einsteckplatz ist leer? Dann sollten Sie nach einer weiteren Kontrolle die Karte oder die Karten vorsorglich und unverzüglich sperren lassen. Dies ist schon aus Haftungsgründen erforderlich.

Bei Ihren Bankkarten benötigen Sie den Banknamen und die IBAN. Diese finden Sie auf jedem Kontoauszug, für Reisen sollten Sie diese auch separat notiert haben. Sie können die Karte jetzt mittels Anruf über die Service-Telefonnummer der Bank oder auch online über Ihren Internetzugang sperren lassen. Dort können Sie zumeist auch eine Ersatzkarte anfordern, die jedoch einige Tage Bearbeitungs- und Postlaufzeit benötigt.

Bei Kreditkarten wie Mastercard und VISA ist es so, dass diese zumeist durch einen Lizenznehmer wie ein Kreditinstitut, eine Fluggesellschaft oder den ÖAMTC herausgegeben werden. Diese Karten können Sie beim Lizenznehmer sperren lassen, aber auch bei der Kreditkartengesellschaft. In jedem Fall benötigen Sie die Kartennummer (z.B. von der letzten Abrechnung) und eine Telefonnummer der Servicestelle.

Wenn Sie sicher sind, dass die Kredit- oder Zahlungskarte gestohlen wurde, sollten Sie auch unmittelbar Anzeige erstatten. Dies können Sie in Österreich bei der nächsten Polizeidienststellen machen oder auch über das Internet (siehe „Online-Diebstahlsanzeige bei der Polizei erstatten", ► Seite 13).

Tipp

Die gängigsten Kreditkarten sperren Sie in Österreich und weltweit unter folgenden Rufnummern:

- **Mastercard.** 0800 070 6138 (Österreich), +1 636 722 7111 (Welt)
- **VISA.** 0800 200 288 (Österreich), +43 1 711 11 770 (Welt)
- **Diners Club.** +43 1 50 135-135 (Welt)
- **American Express.** 0800 900 940 (Österreich), +49 69 9797 2000 (Welt)

Notieren Sie Ihre Kartennummern und den Kartenherausgeber mit der entsprechenden Notrufnummer auf einem separaten Zettel, den Sie nicht gemeinsam mit der Karte aufbewahren. Haben Sie die Telefonnummer doch nicht griffbereit, geben Sie im Internet bei einer Suchmaschine den Text „Karte sperren" und den Namen der Bank bzw. des Kartenherausgebers an.

Scheck einlösen

Insbesondere jüngere Menschen können mit dem Begriff Scheck nur noch wenig anfangen, da diese in Österreich selten geworden sind. Allerdings werden sie weiterhin z.B. von Versicherungen zur Auszahlung der Schadensregulierung oder auch von Krankenkassen verwendet. Und in Amerika sind sie weiterhin gängige Praxis.

Schecks kommen als Barschecks (Auszahlung in bar) und als Verrechnungsschecks (Gutschrift auf dem Konto) vor. In der Regel handelt es sich um Inhaberschecks, d.h., sie können vom jeweiligen Besitzer eingelöst werden und sind nicht wie Namensschecks an eine bestimmte Person gebunden.

Das Risiko der Scheckeinreichung trägt nicht die Bank

Schecks werden von Banken eingelöst, d.h., diese zahlen gegen eine Gebühr den Scheckbetrag aus und holen sich den vollständigen Betrag dann vom Scheckaussteller zurück. Das Risiko, dass dieser nicht bezahlen kann, trägt jedoch nicht die Bank, sondern der Scheckeinreicher. Sollte der Scheck nicht eingelöst werden, so holt sich die Bank das Geld von Ihnen zurück.

Die Einlösung von Schecks ist nicht kompliziert. Barschecks können Sie bei jeder Filialbank einlösen, Verrechnungsschecks jedoch nur bei Banken, bei denen Sie über ein Konto verfügen. Neben der Vorlage des Schecks müssen Sie ein Scheckeinreichungsformular ausfüllen und sich ausweisen. Komplizierter ist die Sachlage bei Direktbanken, da diese keine Filialen haben und die Vorlage des Schecks im Original erforderlich ist. Klären Sie hier zuvor ab, ob Ihre Bank eine Scheckeinreichung zulässt und wer die richtige Stelle ist. Der Scheck sollte dann nur mittels Einschreibe- bzw. Wertbrief versandt werden.

Tipp

Schecks sollten möglichst zeitnah eingelöst werden, da die Banken nicht zeitlos zu einer Einlösung verpflichtet sind. Die üblichen Fristen betragen:

- **Inland.** 8 Werktage
- **EU-Ausland.** 20 Tage
- **Rest der Welt.** 70 Tage

Warten Sie die Bestätigung des Schecks ab, bevor Sie das Geld ausgeben. Wird der Scheck vom Aussteller nicht eingelöst, so müssen Sie der auszahlenden Bank den Scheckbetrag wieder erstatten. Seien Sie vorsichtig bei der Annahme von Schecks und achten Sie auf die Seriosität und Vertrauenswürdigkeit des Scheckausstellers. Da es immer einige Tage dauert, bis festgestellt wird, ob der Scheckaussteller den Scheck auch einlöst, werden Schecks auch für Betrügereien genutzt. Ein mögliches Beispiel ist hier der Kauf von Gebrauchtwagen oder anderen hochwertigen Gütern auf ungeregelten Märkten.

Lastschrift zurückholen

Sie stellen fest, dass von Ihrem Konto eine Abbuchung getätigt wurde, mit der Sie nicht einverstanden sind. Was können Sie tun?

Zuerst einmal müssen Sie sich nicht mit dem Abbucher auseinandersetzen. Innerhalb einer Frist von acht Wochen (56 Tagen) können Sie Ihrer Bank einfach mitteilen, dass Sie der Abbuchung widersprechen. Eine Begründung benötigen Sie hierfür nicht, auch ist zumeist ein formloses Schreiben ausreichend. Die Bank wird Ihnen den abgebuchten Betrag dann kurzfristig wieder auf dem Konto gutschreiben und vom Abbucher den Betrag nebst Gebühren einfordern. Das Ganze nennt sich auch „Recht auf bedingungslose Rückerstattung" bei SEPA-Lastschriften. Zwei Punkte sollten Sie beachten:

- Die bedingungslose Rückerstattung funktioniert nur bei Lastschriften. Haben Sie selbst eine Überweisung getätigt, so müssen Sie sich an den Zahlungsempfänger zwecks Rücküberweisung wenden.
- Bei der Rückerstattung fällt bankseitig eine Gebühr für die Rückerstattung an, die sogenannte Rücklastschriftgebühr. Diese trägt der Abbucher. Stellt sich jedoch später heraus, dass die Abbuchung zu Recht durchgeführt wurde (das bestellte Paket wurde vom Nachbarn in Empfang genommen und verwahrt usw.), so müssen Sie nicht nur Ihrer Zahlungsverpflichtung nachkommen, sondern dem Abbucher auch die Rücklastschriftgebühr ersetzen.

Kreditkartenzahlung widerrufen

Wurde eine Leistung wie ein Flug mit einer Kreditkarte bezahlt und kommt dann aufgrund einer Entscheidung des Zahlungsempfängers (z.B. der Fluggesellschaft wegen Corona) nicht zu Stande, so hat der Reisende Anspruch auf Rückerstattung seines Reisepreises. Aber was machen, wenn der Zahlungsempfänger nicht innerhalb der gesetzlichen Frist von sieben Tagen reagiert? Dann bietet sich das Chargeback-Verfahren von Kreditkartenunternehmen an. Dies ist die elegante und vor allem schnelle Möglichkeit, bei unrechtmäßiger Abbuchung oder Nichterfüllung der Leistung zeitnah wieder an sein Geld zu kommen. Der Ablauf ist wie folgt:

Auf das Chargeback-Verfahren werden Sie zumeist nicht hingewiesen

- Meldung an die Kartengesellschaft, dass eine Abbuchung falsch war. Bei Nichtleistung sollte dies mit Hilfe von Buchungsunterlagen, Schriftverkehr über Rückforderung an Zahlungsempfänger und Nachweis des Empfangs (Einschreibezettel etc.) erfolgen
- Die Kreditkartengesellschaft prüft und erstattet das Geld.
- Die Kreditkartenfirma fordert vom Zahlungsempfänger den Ersatz der geleisteten Zahlung und verrechnet eine Gebühr von 20 bis 60 Euro.

Tipp

Chargeback ist relativ unbekannt und auf der Website von Kreditkartenfirmen versteckt. Geben Sie in eine Suchmaschine den Namen Ihrer Kreditkartengesellschaft und den Begriff „Chargeback" ein.

Haushaltshilfe mit Dienstleistungsscheck beschäftigen

In vielen Haushalten arbeiten Reinigungskräfte u.a. oft genug ohne Steuerabzug (Schwarzarbeit) und ohne Versicherungsschutz. Jedoch hat die Regierung die Möglichkeit von legalen Arbeitsverhältnissen von Haushaltshilfen geschaffen. Die Regelungen des Dienstleistungsschecks (DLS) sind die folgenden. Zulässige Tätigkeiten:

- Unterstützung bei der Haushaltsführung (z.B. Reinigungsarbeiten)
- Kinderbeaufsichtigung
- Einkäufe von Lebensmitteln, Bedarfsgütern des täglichen Lebens
- einfache Gartenarbeiten

Zu beachten sind weiters die folgenden Voraussetzungen:

Sieht komplizierter aus als es in der Realität dann ist, Unfallversicherung inklusive

- Arbeitsverhältnisse sind auf maximal einen Monat befristet. Es können jedoch aufeinanderfolgende Verträge abgeschlossen werden, ohne dass hierdurch ein unbefristeter Arbeitsvertrag entsteht.
- Das monatliche Einkommen darf die Geringfügigkeitsgrenze von 500,91 Euro (Stand 2023) nicht überschreiten.
- Als Arbeitnehmer sind folgende Personenkreise zugelassen:
  - Staatsangehörige der EWR-Mitgliedstaaten (EU-Staaten sowie: Island, Liechtenstein und Norwegen) sowie der Schweiz
  - Staatsangehörige der Nicht-EU-Staaten mit unbeschränktem Arbeitsmarktzugang in Österreich (ein entsprechender Vermerk befindet sich auf dem Aufenthaltstitel)
  - Asylberechtigte und subsidiär Schutzberechtigte
  - Asylwerbende, die seit 3 Monaten zum Asylverfahren zugelassen sind [die Zulassung zum Asylverfahren wird mit der Aufenthaltsberechtigungskarte (weiße Karte) nachgewiesen]

Der Ablauf stellt sich wie folgt dar:

- Kauf des DLS durch den Arbeitgeber bei der Post, in einigen Trafiken sowie online. Die Kosten betragen zwei Prozent des gewählten Betrages und beinhalten auch den Beitrag zur Unfallversicherung.
- Ausführung der Arbeit durch den Arbeitnehmer
- Ausfüllen des DLS durch den Arbeitgeber. Bei der ersten Einreichung ist zusätzlich ein Beiblatt durch Arbeitgeber und Arbeitnehmer auszufüllen.
- Übergabe des DLS an den Arbeitnehmer
- Einreichen des DLS durch den Arbeitnehmer
- Auszahlung des Betrags an den Arbeitnehmer

Durch Nutzung des Dienstleistungsschecks ist der Arbeitnehmer durch die gesetzliche Unfallversicherung bei der bezahlten Tätigkeit sowie auf den Wegen zwischen Wohn- und Arbeitsstelle gesetzlich unfallversichert. Eine andere Sozialversicherung wie die Kranken- oder Pensionsversicherung ist hierin nicht inkludiert. Überschreitet der Arbeitnehmer jedoch durch mehrere Tätigkeiten den obig genannten Grenzbetrag in Summe, so muss er sich zu den anderen Sozialversicherungen anmelden.

Tipp

Den Dienstleistungsscheck können Sie online (https://www.dienstleistungsscheck-online.at/dienstleistungsscheck-webapp/about/wieFunktioniertDlsOnline.jsf?conversationContext=1) oder auch per Handy bearbeiten.

Gold richtig kaufen

Gold ist eine eigene Anlageklasse für sich. Oftmals wird empfohlen rund 5 bis 10 Prozent des Gesamtvermögens in Gold anzulegen. Diese Aussage ist jedoch zumindest kritisch zu sehen, da das Veranlagungsprodukt Gold auch starken Preisschwankungen unterliegt. Generell profitiert es in Krisensituation quasi als (gedachter) safe haven und leidet in Situationen mit steigenden Zinsen.

Gold wird in unterschiedlichen Formen gehandelt, das Spektrum reicht von Goldbarren über Goldmünzen, Goldminenanteilen hin zu Gold-Wertpapieren. Jede dieser Formen ist mit spezifischen Vor- und Nachteilen verbunden.

Physisches Gold in Form von Barren oder Goldmünzen ist bei sehr kleinen Einheiten mit sehr hohen Kosten verbunden. Bei Barren sollten Sie zumindest 100 Gramm und bei Goldmünzen zumindest Standardmünzen in der Einheit von einer Feinunze (31,1 Gramm) für die Veranlagung wählen. Generell gilt hier, dass mit dem Anstieg des Gewichts die anteiligen Nebenkosten sinken. Zum Teil werden Barren und Münzen auch als Gold-Sparplan angeboten. Dies ist aber zumeist mit kleinen Größenordnungen und damit hohen Kosten verbunden. Hiervon raten wir ab.

Je kleiner die Einheit, desto höher die Nebenkosten

Tipp

Physisches Gold können Sie bei vielen Banken, aber auch bei einigen Händlern erwerben. Machen Sie vor dem Kauf Preisvergleiche, da die Angebotspreise stark variieren können.

Goldminenaktien sind eher etwas für Spezialisten, da Sie wissen müssen, ab welchem Goldpreis die jeweilige Gesellschaft profitabel arbeiten kann, d.h. zumindest die Kosten verdient. Das spekulative Element ist hierdurch entsprechend größer.

Gold wird auch in Wertpapieren, in der Regel in Form von ETC (Exchange-Traded Commodities, börsengehandelte Rohstoffe) gehandelt. Der wesentliche Vorteil hierbei sind die sehr geringen Spesen und die jederzeitige Handelsmöglichkeit. Allerdings handelt es sich im Gegensatz zu den ETF (Exchange-Traded Funds, börsengehandelte Fonds) um kein Sondervermögen, sondern um eine Schuldverschreibung des Anbieters. Im Insolvenzfall sind Sie also nur Insolvenzgläubiger. Bevorzugen Sie hierbei ETF, die mit physischem Gold hinterlegt sind und bei denen auch eine physische Auslieferung möglich ist. Als Beispiele hierfür benennt die Stiftung Warentest folgende Produkte:

ETF-Name	Emittent	ISIN
Euwax Gold	Börse Stuttgart Securities	DE 000 EWG OLD 1
Euwax Gold II	Börse Stuttgart Securities	DE 000 EWG 2LD 7
HANETF The Royal Mint Physical Gold	HANetf ETC Securities	XS 211 533 633 6
WisdomtreePhysical Swiss Gold	WisdomtreeMetal Securities	DE 000 A1D CTL 3
Xetra-Gold	Deutsche Börse Commodities	DE 000 A0S 9GB 0

Pflegevermächtnis beantragen

Ein Vermächtnis ist ein Herausgabeanspruch des Vermächtnisnehmers gegenüber den Erben. Beim Pflegevermächtnis handelt es sich um einen gesetzlichen Anspruch unabhängig vom Willen des Verstorbenen, der durch gesetzliche Regelungen entsteht. Er ist allerdings an strenge Voraussetzungen geknüpft.

Das gesetzliche Pflegevermächtnis

§ 677 Abs. 1 Allgemeines bürgerliches Gesetzbuch: „Einer dem Verstorbenen nahe stehenden Person, die diesen in den letzten drei Jahren vor seinem Tod mindestens sechs Monate in nicht bloß geringfügigem Ausmaß gepflegt hat, gebührt dafür ein gesetzliches Vermächtnis, soweit nicht eine Zuwendung gewährt oder ein Entgelt vereinbart wurde."

Die wesentlichen sich hieraus ergebenden Voraussetzungen sind:

Was bedeutet „in nicht bloß geringfügigem Ausmaß"?

- Pflegebedürftigkeit des Verstorbenen, nachzuweisen z.B. durch den Bezug von Pflegegeld
- Pflege von zumindest sechs Monaten innerhalb der letzten drei Jahre, wobei die wöchentliche Pflege nicht nur geringfügig sein darf, was mit zumindest 20 Stunden anzusetzen ist. Hierzu zählen neben der konkreten Körperpflege auch Maßnahmen zum psychischen Wohlergehen wie Vorlesen und Ausflügemachen.
- Der Pflegende darf für die Tätigkeit weder Entgelt noch Zuwendung erhalten oder versprochen bekommen haben.
- Anspruchsberechtigt ist nur der enge Kreis der dem Verstorbenen nahe stehenden Personen. Dies sind:

Nahe stehende Personen

§ 677 Abs. 3 Allgemeines bürgerliches Gesetzbuch: „Nahe stehend sind Personen aus dem Kreis der gesetzlichen Erben des Verstorbenen, deren Ehegatte, eingetragener Partner oder Lebensgefährte und deren Kinder sowie der Lebensgefährte des Verstorbenen und dessen Kinder."

Sie beantragen das Pflegevermächtnis beim für die Verlassenschaft zuständigen Gerichtskommissär. Dies ist in der Regel der Notar, in dessen Gebiet der letzte Wohnsitz des Verstorbenen fällt. Im Zweifelsfall gibt Ihnen das zuständige Bezirksgericht Auskunft.

Finanzamt

Bei jedem korrekt gemeldeten Entgelt für Arbeit ist auch das Finanzamt mit dabei. Und leider sind die Regeln der Versteuerung sehr komplex und in einer zwar deutschen, jedoch nicht einfach les- und verstehbaren Sprache geschrieben. Allerdings lassen sich leicht Steuern sparen, wenn man ein paar Tipps und (legale) Tricks beachtet.

Kapitalertragsteuer erstatten lassen

In Österreich werden Kapitalerträge inkl. Kursgewinnen mit 27,5 Prozent bzw. 25 Prozent (nur bei Geldeinlagen: Sicht- und Termineinlagen und nicht verbrieften Forderungen) Kapitalertragsteuer (KESt) versteuert. Hierbei handelt es sich um eine Sondersteuer, die von der auszahlenden Stelle, in der Regel einem Kreditinstitut, einbehalten wird. Diese Einkünfte unterliegen dann nicht mehr der Einkommensteuer, welche Steuersätze von null bis 55 Prozent vorsieht: „Einkommen von 0 bis 11.000 Euro sind steuerfrei. Bei Einkommen von 11.000 Euro bis 18.000 Euro beträgt die Einkommensteuer 20 Prozent, bis 31.000 Euro 32,5 Prozent. Bis zu einem Einkommen von 60.000 Euro beträgt die Einkommensteuer 42 Prozent, bis 90.000 Euro sind es 48 Prozent. Einkommen von 90.000 Euro bis einer Million Euro werden mit 50 Prozent versteuert, über einer Million mit 55 Prozent."

Aufgrund der Steuerreform werden die zweite und dritte Steuerstufe bis 2024 auf 30 bzw. 40 Prozent gesenkt. Dabei werden für die Jahre 2022 und 2023 jeweils Mischwerte von 32,5 und 41 Prozent herangezogen, da die schrittweise Senkung der Einkommensteuer jeweils ab Juli in Kraft tritt (https://www.finanz.at/steuern/einkommensteuer/).

Steuerpflichtige mit einem geringen bis mittleren Einkommen haben also geringere Einkommensteuersätze als die Kapitalertragsteuer.

Tipp

Der Steuergesetzgeber hat für diese Fälle die Möglichkeit geschaffen, für die Einkünfte aus Kapitalvermögen zur sogenannten Regelbesteuerung zu wechseln. Dies geschieht im Rahmen der Einkommensteuererklärung bzw. Arbeitnehmerveranlagung. Um die Vorteilhaftigkeit der Regelbesteuerung zu prüfen, muss ein Vergleich der Steuerbelastung beider Verfahren erfolgen:

- Summe der zu zahlenden Einkommensteuer plus KESt auf Kapitaleinkünfte
- Summe der Einkommensteuer auf die bisherige Steuerbemessungsgrundlage plus der Einkünfte aus Kapitalvermögen

Die Berechnung der Einkommensteuer können Sie über den Steuerrechner der Finanzverwaltung vornehmen (https://www.finanz.at/steuern/einkommensteuer/). Die Beantragung der Regelbesteuerung geschieht über die Einkommensteuererklärung (Formular E1). Im Formular für 2021 ist dies der Punkt 8.1.

Der Steuerrechner des Finanzamtes erleichtert den Vergleich

Pauschalen für Werbungskosten nutzen

Für einige Berufsgruppen hat das Finanzministerium pauschalierte Werbungskosten (sogenanntes Berufsgruppenpauschale) festgelegt. Diese können, müssen jedoch nicht, von den Berufstätigen in Anspruch genommen werden. Die pauschalen Werbungskosten ermitteln sich als Prozentsatz der Bemessungsgrundlage, dies sind die Bruttobezüge (dieser Berufsgruppe) abzüglich der freien und der sonstigen Bezüge.

Berufsgruppenpauschale

Berufsgruppe	Prozent	Maximalbetrag (Euro) jährlich
Artisten	5,0	2.628
Bühnenangehörige und Filmschauspieler	5,0	2.628
Fernsehschaffende	7,5	3.942
Journalisten	7,5	3.942
Musiker	5,0	2.628
Forstarbeiter ohne Motorsäge, Förster und Berufsjäger im Revierdienst	5,0	1.752
Forstarbeiter mit Motorsäge	10	2.628
Hausbesorger	15	3.504
Heimarbeiter	10	2.628
Vertreter	5,0	2.190
Mitglieder einer Stadt-, Gemeinde- oder Ortsvertretung	15	2.628 mind. 438

Die Pauschalbeträge sind oft höher als die realen Kosten

Die pauschalierten Werbungskosten für Hausbesorger gelten nur für Dienstverhältnisse, die dem Hausbesorgergesetz unterliegen und vor dem 1. Juli 2000 abgeschlossen wurden. Alle Hausbesorger mit später beginnendem Dienstverhältnis können nur die tatsächlich entstandenen Kosten geltend machen. Bei Vertretern ist eine Außendiensttätigkeit von zumindest fünfzig Prozent erforderlich. Wird nur einige Monate im Jahr in diesem Beruf gearbeitet, so werden die pauschalierten Werbekosten nur zeitanteilig gewährt. Sie benötigen eine schriftliche Bestätigung Ihres Arbeitgebers mit folgendem Inhalt:

- Ausgeübte Tätigkeit (Berufsgruppe)
- Bestätigung, dass die Tätigkeit ausschließlich ausgeübt wird
- Zeitraum der Tätigkeit und allfällige Unterbrechungen
- Anzahl der Auftritte bei Fernsehschaffenden
- Kostenersatz (ausgenommen Vertreter)

Tipp

Die Berufsgruppenpauschale ist für Sie immer dann vorteilhaft, wenn die Pauschale höher ist als die real angefallenen Werbungskosten.

Ausländische Quellensteuer erstatten lassen

Nicht nur die weltweiten Zinseinkünfte, sondern auch alle Erträge aus Dividenden unterliegen bei österreichischen Steuerinländern der Kapitalertragsteuer (KESt). Bei ausländischen Aktien hat jedoch bereits das Land des Firmensitzes dieser Aktiengesellschaften eine Besteuerung „an der Quelle" vorgenommen. Im Falle von Doppelbesteuerungsabkommen (DBA) zwischen Österreich und diesem Land kann für den Anleger jedoch eine Doppelbesteuerung zumeist vermieden werden.

Zu beachten ist, dass das österreichische Finanzamt ausländische Quellensteuer bis zu einem Maximalbetrag nach DBA bei der Berechnung der österreichischen KESt anrechnet. Bei einer Steuerzahlung in Schweden in Höhe von 30 Prozent werden 10 Prozent auf die österreichische KESt angerechnet. Der Anleger zahlt daher im ersten Schritt:

30 % Quellensteuer in Schweden + 27,5 % KESt in Österreich – 10 % Anrechnung Quellensteuer = 47,5 %

Im Vergleich zur reinen österreichischen KESt demnach 20 Prozent zusätzlich. Diese zu viel gezahlte ausländische Quellensteuer kann man sich beim (ausländischen) Staat jedoch erstatten lassen. Die österreichische Finanz stellt die ausländischen Formulare bereit. Wenn Sie Ihre ausländischen Dividenden in einem ausländischen Depot (z.B. belgische Aktien in einem Depot in Deutschland) haben, müssen Sie diese Quellensteuer-Rückforderung selbst durchführen. Ein erheblicher Aufwand, der jedoch oft für mehrere Dividenden, zum Teil auch für mehrere Jahre, gemeinsam gemacht werden kann.

Die Möglichkeit der Rückforderung ist bares Geld wert

Tipp

Die Formulare zur Erstattung von ausländischer Quellensteuer finden Sie unter https://www.bmf.gv.at/themen/steuern/internationales-steuerrecht/rueckerstattung/quellensteuerformulare-von-dba-partnerstaaten/formulare-dba-partner.htm

Liegen die ausländischen Aktien jedoch in einem österreichischen Depot, so bieten einige wenige Banken den zumeist kostenlosen oder kostengünstigen Service an, dass die Bank bei der Berechnung der KESt die Quellensteuer teilweise anrechnet und möglicherweise die verbleibende ausländische Quellensteuer für die Bankkunden zurückfordert.

Tipp

Folgende Staaten behalten keine Quellensteuer ein: Brasilien, Irland, UK, Hongkong, Liechtenstein und Singapur. Beim Kauf von Aktien sollten allerdings Gewinnaussichten und Erwartungen von Kurssteigerungen höher gewichtet werden als die Arbeit bei einer Rückerstattung von Quellensteuern.

Ausländische Quellensteuer anrechnen lassen

Im Steuerformular E1kv werden unter den Kennzahlen 940, 984, 998, 900 und 901 anzurechnende ausländische Quellensteuern erfasst. Sofern der ausländische Staat die Möglichkeit bietet, dass der Kapitalanleger einen Teil der Quellensteuern von diesem Staat zurückfordern kann (siehe ► Seite 82), so ist bei den Kennzahlen nur der nicht rückforderbare Anteil der Quellensteuern einzutragen. Die Quellensteuern werden auf die inländische Kapitalertragsteuer angerechnet, eine darüber hinausgehende Erstattung durch die österreichische Finanz findet jedoch nicht statt.

Mit einigen Staaten (z.B. Brasilien, Thailand und China) hat Österreich ein Doppelbesteuerungsabkommen (DBA) mit einem sogenannten Matching Credit abgeschlossen. Hier wird die anzurechnende Quellensteuer auf Dividenden und/oder Zinsen im DBA mit einem fixen Prozentsatz festgelegt, unabhängig davon, ob die Steuer tatsächlich eingehoben wurde. Die Anrechnung erfolgt in diesen Fällen über die Steuererklärung.

Im Fall von Tax-Sparing-Credit-Vereinbarungen (z.B. mit Vietnam, Nepal und Marokko) gibt es hingegen von Land zu Land unterschiedliche Sondermaßnahmen hinsichtlich der Steuererleichterung.

Für komplexe Fälle sollten Sie einen Steuerberater einschalten

Ein Sonderfall von ausländischer Quellensteuer betrifft die Steuerabkommen mit Liechtenstein und der Schweiz sowie das Kapitalabfluss-Meldegesetz. Will der Steuerpflichtige jetzt aber doch seine Einkünfte gegenüber dem Finanzamt erklären und 27,5 Prozent KESt zahlen, so muss er dies mittels Steuererklärung machen. Unter Kennzahl 942 werden die gezahlten Abgeltungssteuern nach den Steuerabkommen mit der Schweiz und Liechtenstein und Einmalzahlungen nach dem Kapitalabfluss-Meldegesetz erfasst. Zusätzlich sind die Einkünfte unter den ausländischen Kapitaleinkünften im Steuerformular E1kv zu erfassen, die eingetragene Quellensteuer wird dann auf die Steuerschuld angerechnet. Die Quellensteuer nach dem Kapitalabflussgesetz kann jedoch nur dann angerechnet werden, wenn damit keine Abgeltungswirkung verbunden ist, die Quellensteuer hat hier nur die Wirkung einer Anzahlung (freiwillige Zahlung auf die geschuldeten Steuern).

Bei Wertpapieren Gewinn- und Verlustausgleich nutzen

Gewinne und Erträge aus Kapitalveranlagungen müssen versteuert werden. Schön, dass Verluste zum Teil mit berücksichtigt werden. Der Verlustausgleich sieht vor, dass alle realisierten Kursgewinne und Erträge (z.B. Dividenden, Zins-Kupons – jedoch keine Zinserträge aus Einlageprodukten wie Sparkonten) mit realisierten Kursverlusten gegengerechnet werden. Das geschieht durch die inländische depotführende Bank. Hat der Anleger jedoch mehrere Bankverbindungen, unter Umständen auch im Ausland, so muss er den Verlustausgleich selbst durchführen (im Rahmen der Einkommensteuererklärung). Im Idealfall (vom Aufwand her) hat der Anleger alle Veranlagungen bei nur einer inländischen Bank, die Folgendes prüft:

- Gab es vor den aktuell realisierten Verlusten bereits versteuerte Gewinne? Dann Erstattung von KESt auf die steuerliche Verlusthöhe.
- Gab es vor den aktuell realisierten Verlusten noch keine oder zu geringe versteuerte Gewinne, dann Bildung eines „Verlustvortrags".
- Gab es vor den aktuell realisierten Gewinnen oder Erträgen bereits realisierte Verluste? Dann (Teil-)Freistellung der Gewinne oder Erträge von der Besteuerung.

Tipp

Es handelt sich um einen Verlustausgleich für das aktuelle Kalenderjahr. Ein Verlustvortrag kann nicht in das nächste Jahr übertragen werden. Sie sollten zum Jahresende Folgendes prüfen:

- Haben Sie über alle Depots hinweg einen Verlustüberhang, der auch nicht durch noch im Kalenderjahr zu erwartende Dividenden und Zins-Kupons ausgeglichen wird, so kann der Verkauf von Gewinnpositionen zur Ersparnis von Steuern führen.
- Haben Sie über alle Depots hinweg einen Gewinnüberhang, kann anderseits der Verkauf von bestehenden Verlustpositionen zur Ersparnis von Steuern führen.

Steuerstundung bei Wegzugsbesteuerung prüfen

Seit dem Jahr 2012 müssen die Kursgewinne bei Wertpapieren beim Verkauf besteuert werden. Weniger bekannt ist, dass dem Verkauf der Wertpapiere gleichgestellt ist, wenn der Depotinhaber ins Ausland verzieht oder seine Wertpapiere an eine nicht in Österreich sesshafte Person überträgt (durch Schenkung oder Erbschaft). Zu gut Deutsch bedeutet dies, dass eine Besteuerung von nichtrealisierten Gewinnen stattfindet, unabhängig davon, ob beim realen Verkauf in der Zukunft auch tatsächlich Gewinne oder im Gegenteil Verluste anfallen. In jedem Fall führt die sogenannte Wegzugsbesteuerung zu einem Liquiditätsentzug, dem keine Liquiditätszufuhr durch einen Verkauf gegenübersteht.

Seit 2016 kommt es bei der Wegzugsbesteuerung zu einer gewissen Entlastung der Steuerpflichtigen. Bei betrieblichen Fällen gibt es ein Ratenkonzept, bei dem das steuerpflichtige Unternehmen die anfallende Steuer auf Antrag auf fünf Jahre verteilen und quasi abstottern kann. Dies lindert die Gefahr eines übermäßigen Liquiditätsentzugs, die Gefahr der Versteuerung von unrealisierten Gewinnen aber bleibt bestehen.

Im privaten Bereich gibt es eine bessere Möglichkeit, sofern der Wegzug bzw. die Übertragung in einen EU- bzw. EWR-Staat erfolgt. Auf Antrag fällt die Steuer hierbei nicht beim Wegzug bzw. der Übertragung an, sondern erst bei der tatsächlichen Veräußerung der Wertpapiere. Voraussetzung neben dem formlosen Antrag ist hierbei zusätzlich, dass die Bank oder der Steuerpflichtige bestimmte Meldepflichten erfüllen und so eine lückenlose Erfassung der Einkünfte aus Kapitalvermögen möglich ist.

Auf Antrag wartet der Fiskus mit der Besteuerung auf den Verkauf

Tipp

Neben den Fragestellungen von Liquiditätsentzug und der Versteuerung unrealisierter Gewinne ist auch die erwartete zukünftige Gewinnentwicklung sowie das Steuerrecht im Wegzugsstaat (Österreich) und Hinzugsstaat (EU-/EWR-Staat) zu beachten. Bei erwarteten steigenden Gewinnen ist es bei einem Umzug in ein Land mit niedrigeren Steuern auf Kapitaleinkünfte zweckmäßig, die Besteuerung der bisherigen Gewinne in Österreich vorzunehmen und die zukünftigen Gewinne mit dem niedrigeren Steuersatz zu versteuern. Zu beachten ist hierbei jedoch auch, dass die Erwartung zukünftiger Gewinne nicht in Stein gemeißelt ist und volkstümlich als Spekulation bezeichnet wird.

Selbstbehalt bei Abzugsfähigkeit von Sonderausgaben entschärfen

Außergewöhnliche Belastungen wie z.B. Krankheitskosten können steuerlich zu Entlastungen führen, wenn die Belastungen außergewöhnlich sind, zwangsläufig bestehen und die wirtschaftliche Leistungsfähigkeit des Betroffenen wesentlich beeinträchtigt wird. Bei den „außergewöhnlichen Belastungen mit Selbstbehalt" sind wir beim letzten der drei Punkte.

Die „wesentliche Beeinträchtigung der wirtschaftlichen Leistungsfähigkeit" bezieht sich dabei auf das Verhältnis der finanziellen Belastung zum eigenen Einkommen: Ein gewisser Prozentsatz vom Einkommen wird als „verkraftbar" angesehen, ein Großteil des Einkommens darf dafür nicht draufgehen. Vom Steuer-Gesetzgeber gibt es dafür folgende Regelungen:

- **0 – 7.300 Euro.** 6 Prozent Selbstbehalt
- **7.301 – 14.600 Euro.** 8 Prozent Selbstbehalt
- **14.601 – 36.400 Euro.** 10 Prozent Selbstbehalt
- **ab 36.401 Euro.** 12 Prozent Selbstbehalt

Es werden jedoch folgende Abschläge vom Selbstbehalt vorgenommen:

- **Alleinverdiener- bzw. Alleinerzieherabsetzbetrag.** 1 Prozent Abzug
- **Je Kind, für das mehr als 6 Monate Kinder- oder Unterhaltsabsetzbetrag zusteht.** 1 Prozent Abzug

Mit Kindern können Sie manchmal Steuern sparen

Den Selbstbehalt können Sie vereinfacht nach folgender Formel berechnen (Quelle www.bmf.gv.at, Rz 814 ff. der Online-Hilfe):

Bruttolohn (einschließlich 13. und 14. Monatsbezug)
\+ steuerfreie Bezüge
– Werbungskosten (auch jene, die vom Arbeitgeber, z.B. Sozialversicherung, berücksichtigt wurden)
– Sonderausgaben
– (andere) außergewöhnliche Belastungen, für die kein Selbstbehalt gilt
= Bemessungsgrundlage für Selbstbehalt

Bei einer Bemessungsgrundlage für den Selbstbehalt von z.B. 20.000 Euro haben Sie zuerst einmal einen Selbstbehalt von 10 Prozent zu tragen (für ein Einkommen zwischen 14.601 und 36.400 Euro). Jedoch stehen Ihnen z.B. Abschläge von 1 Prozent für den Alleinverdienerabsetzbetrag und je 1 Prozent für zwei Kinder zu. Sie haben also einen Selbstbehalt von 10 Prozent abzüglich 1 Prozent abzüglich 2 × 1 Prozent = 7 Prozent. 7 Prozent von 20.000 Euro sind 1.400 Euro. Diese müssen Sie selbst tragen. Jeder zusätzliche Euro an außergewöhnlicher Belastung (mit Selbstbehalt) kann jedoch steuersparend in der Veranlagung berücksichtigt werden.

Tipp

Stehen in den Folgejahren hohe Kosten für zusätzliche außergewöhnliche Belastungen wie eine Gebisssanierung an, so ist es aus steuerlichen Überlegungen durchaus zweckmäßig, die Kosten auf ein Kalenderjahr zu konzentrieren und so den Selbstbehalt betragsmäßig zu überspringen. So können Sie einen Teil der Kosten von der Steuer abschreiben. Hierfür kann auch ein (niedrig) verzinslicher Kredit in Familie oder Freundeskreis sinnvoll sein.

Urlaub und Freizeit

Das Leben genießen im Urlaub und der Freizeit ist das Ziel von vielen. Aber dies ist oft auch mit Kosten, Unbequemlichkeiten und manchmal auch mit Risiken verbunden. Wohl dem, der sich hier etwas auskennt und sich selbst zu helfen weiß. Oder auch einfach weiß, wer ihn wie z.B. aus der Ferne unterstützen kann.

Informationen zu Ein- und Ausreise sowie Aufenthalt erhalten

Das Außenministerium von Österreich veröffentlicht neben den übergreifenden Einschätzungen der Risikolage auch eine detaillierte Hilfestellung für Reisende in andere Länder. Diese ist zwar je nach Reiseland unterschiedlich ausführlich, in jedem Fall aber sehr hilfreich. In der Regel erhalten Sie hier folgende Hinweise:

- Aktuelles zum Reiseland
- Informationen zu Sicherheit und Kriminalität
- Ein- und Ausreise
- Einfuhr und Ausfuhr
- Gesundheit und Impfungen
- Verkehr und Klima
- besondere Bestimmungen
- ausländische Vertretungen in Österreich

Und zusätzlich folgende Informationen, die Sie spätestens in einem Notfall sehr schätzen werden:

- österreichische Vertretungen im Reiseland
- Vertrauensarzt
- Vertrauensanwalt

Arzt und Rechtsanwalt im Ausland: Empfehlungen von Insidern

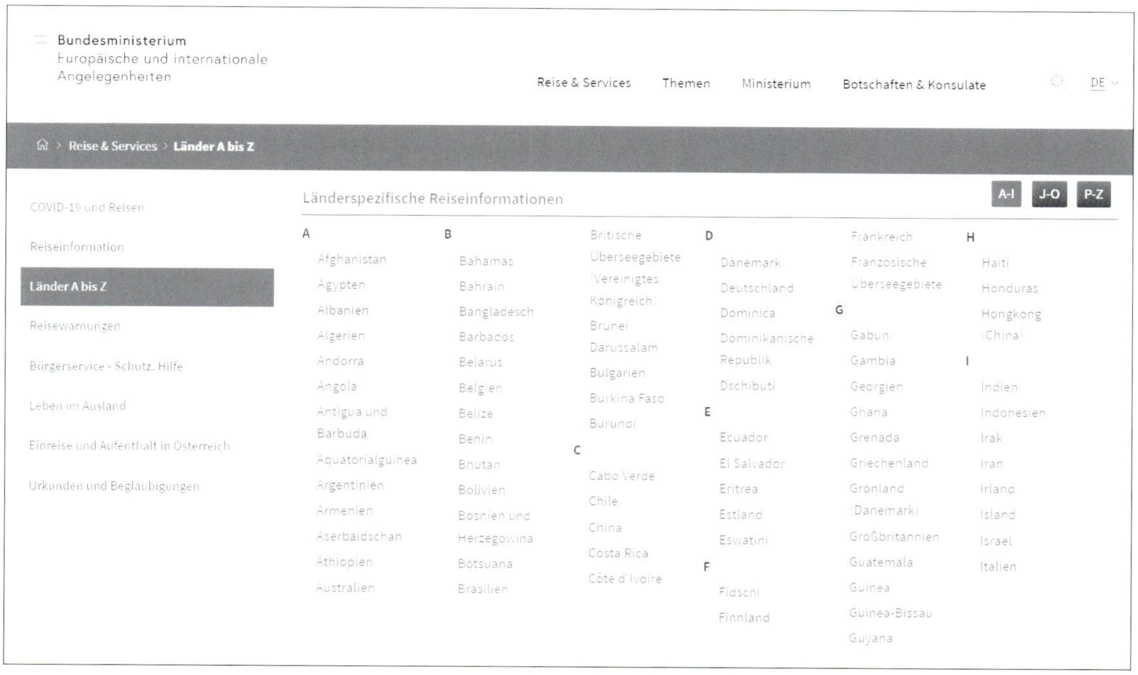

Tipp

Möchten Sie eine „zweite Meinung" zur Sicherheitslage in Ihrem Reisezielland erhalten? Dann rufen Sie doch die entsprechenden Reiseinformationen des Auswärtigen Amtes von Deutschland auf unter https://www.auswaertiges-amt.de/de/ReiseUndSicherheit

Reisepass beantragen

Für eine Reise ins Ausland muss der Reisepass zumeist eine Gültigkeit von zumindest sechs Monaten über den Tag der Einreise, besser über den Reisezeitraum hinaus aufweisen. Dies sollte bei der Buchung der Reise zugleich mit kontrolliert werden, dann verbleibt ausreichend Zeit für die Neubeantragung eines Reisepasses. Eine Verlängerung des bestehenden Reisepasses ist seit 2009 nicht mehr möglich. Ebenso ist seit 2009 die Miteintragung von Kindern im Reisepass der Eltern entfallen.

Wichtig ist, sich bei der Kontrolle der Gültigkeit wirklich nach dem Gültig-bis-Datum zu richten und nicht etwa vereinfachend zehn Jahre auf das Gültig-ab-Datum zu addieren. Dies liegt daran, dass Reisepässe in Österreich eine unterschiedliche Gültigkeit haben können:

Alter (Jahre) des Passbesitzers	Gültigkeit (Jahre) des Reisepasses
ab 12	10
ab 2	5
bis 2	2
Notpass	1

Generell kann ein Reisepass bei jeder Passbehörde zu den allgemeinen Öffnungszeiten beantragt werden, eine Voranmeldung ist nicht erforderlich. In Zeiten von Corona gelten jedoch zum Teil andere Regeln wie die Pflicht zur Terminvereinbarung. Der Reisepass muss persönlich beantragt werden, auch ist eine eigenhändige Unterschrift erforderlich. Zusätzlich zu den Passbehörden nehmen auch einige Gemeinden Anträge auf einen Reisepass entgegen und leiten diese dann weiter, dies führt dann allerdings zu einer Verlängerung der Bearbeitungszeit. Als Voraussetzungen für den neuen Reisepass benötigen Sie:

- die österreichische Staatsbürgerschaft
- ein Passfoto nicht älter als sechs Monate, das den EU-Passbildkriterien entspricht
- den alten Reisepass, sofern nicht vor mehr als fünf Jahren abgelaufen, oder
  - einen Personalausweis, sofern nicht vor mehr als fünf Jahren abgelaufen, oder
  - einen amtlichen Lichtbildausweis, die Geburtsurkunde und den Staatsbürgerschaftsnachweis oder
  - einen Identitätszeugen mit amtlichen Lichtbildausweis, Ihre Geburtsurkunde und den Staatsbürgerschaftsnachweis
- eventuell weitere Unterlagen wie den Nachweis eines akademischen Titels oder Urkunden zu einer Namensänderung.

Sie können zwischen mehreren Bearbeitungszeiten wählen:

Wenn es ganz schnell gehen soll wird es teurer

Art des Passes	Bearbeitungszeit	Kosten (Euro)
Normaler Reisepass	üblicherweise 5 Werktage	75,90
Expresspass	2 bis 3 Werktage	100,00
Ein-Tages-Pass	1 Werktag	220,00
Notpass Erwachsene	wenige Stunden	75,90
Notpass Kinder bis 12 Jahre	wenige Stunden	30,00

Um einen Notpass zu beantragen, benötigen Sie einen dringenden Grund, wie z.B.:

- Sie stehen vor einer wichtigen und/oder unaufschiebbaren Reise und verfügen vorübergehend nicht über Ihren Reisepass, oder
- der Zeitraum, innerhalb dessen der Reisepass benötigt wird, reicht nicht aus, um einen neuen maschinenlesbaren Reisepass auszustellen, oder
- die Abgabe von Fingerabdrücken der Finger einer oder beider Hände ist vorübergehend nicht möglich.

Tipp

Das Ansuchen für einen Notpass können Sie auch außerhalb der Amtsstunden über den Journaldienst stellen. Beachten Sie, dass ein Notpass nicht von jedem Reiseland akzeptiert wird. Im Zweifelsfall sollten Sie bei der Botschaft des Reiselandes (inkl. Transferländer) nachfragen, ob der Notpass akzeptiert wird.

Für Bürger anderer Staaten gilt, dass für deren Reisedokumente die jeweilige Botschaft bzw. das Konsulat zuständig ist. Die Anforderungen, Fristen und Kosten können von denen für österreichische Bürger abweichen.

Flug online buchen

Wie finde ich die günstigste Flugverbindung?

Pauschalreisen, aber auch einzelne Reiseleistungen wie Flüge und Hotels können Sie nicht nur im Reisebüro, sondern auch direkt und über eine Vielzahl von Buchungsplattformen im Internet buchen. Der Ihnen versprochene Vorteil hierbei ist: Es werden z.B. für den vorgegebenen Buchungszeitraum die günstigsten Flugverbindungen (Direktflug, kleiner Preis) herausgesucht, sodass Sie nicht auf den Websites von z.B. zehn Fluglinien selbst suchen müssen.

Üblicherweise erhält der Reisevermittler vom Reiseanbieter einen Anteil am Preis, d.h., der Verbraucher/Kunde muss kein separates Entgelt bezahlen. Dies aber ist nicht immer so.

Tipp

Kontrollieren Sie vor Buchungsabschluss immer, ob sich nur die Leistungen und Preise des Anbieters der Reiseleistungen in der Abrechnung befinden. Wenn Sie ein Buchungsentgelt für die Buchungsplattform bezahlen, so sollten Sie dies bewusst machen. Seien Sie sehr misstrauisch, wenn für eine Teilleistung (z.B. Rückflug) nicht der Anbieter der Reiseleistung genannt wird, sondern die Buchungsplattform. Dann verrechnet die Buchungsplattform ein Bearbeitungsentgelt, das nicht separat ausgewiesen wird. Und zumeist in sehr beträchtlicher Höhe, nur eben für den Kunden nicht ersichtlich. Der Nichtausweis von verrechneten Buchungsentgelten ist zwar nicht erlaubt, aber wollen Sie anschließend im Ausland gegen die Buchungsplattform klagen? Dann lieber nicht auf dieser Plattform den Vertrag abschließen.

Kommt es zu einer Stornierung einer Reiseleistung durch den Anbieter (z.B. von Flügen während Corona), so ist Ihr Ansprechpartner immer die Buchungsplattform. Sie müssen bei dieser die Rückzahlung des Reisepreises urgieren und mit der schweren Erreichbarkeit der Plattform umgehen. Oft verrechnen die Plattformen dann auch ein Bearbeitungsentgelt für die Rückabwicklung, was jedoch ebenfalls gesetzlich nicht zulässig ist.

Geben Sie bei Suchmaschinen den Namen der Gesellschaft und das Wort „Probleme" ein

Tipp

Buchungsplattformen bieten eine sehr gute Hilfe bei der Suche nach Teilleistungen zum günstigen Preis. Zumindest einige der Plattformen sollte man danach jedoch verlassen und beim Anbieter selbst den Vertragsabschluss durchführen. Einen eigenen Eindruck von einer Buchungsplattform erhalten Sie, wenn Sie in einer Suchmaschine den Namen der Plattform und den Begriff „Probleme" eingeben.

Preiswerte Flüge finden flexible Reisende mit ein paar Tipps und Tricks für günstige Tickets. Grundsätzlich gilt, dass die Fluggesellschaften ihre Flieger möglichst gut füllen wollen, d.h. bei unbeliebten Abflügen eher zu Preiszugeständnissen bereit sind.

Flugtag wählen. Flüge sind aufgrund der höheren Nachfrage am gegebenenfalls verlängerten Wochenende (Freitag, Sonntag und Montag) teurer als an den Tagen Dienstag, Mittwoch, Donnerstag und Samstag.

Uhrzeit wählen. Flüge in den frühen Morgen- und späten Abendstunden sind eher unbeliebt und daher preisgünstiger. Ausnahme hiervon sind jedoch Strecken wie Wien – Frankfurt, die von Geschäftsreisenden gebucht werden. Dort sind eher die Flüge zwischen 10 und 15 Uhr billiger.

Hauptreisezeiten meiden. Zu Hauptreisezeiten wie den Schulferien oder Feiertagen sind Flüge besonders teuer. Sofern man hier auch nur einen oder wenige Tage früher fliegen kann, kommt man preiswerter davon. Hierbei kann es vorteilhaft sein, ein flexibles Datum zu wählen (zwei Wochen im Zeitraum von ... bis ...).

Flughäfen wählen. Oftmals sind Flüge je nach Flughafen unterschiedlich teuer, obwohl die Flughäfen nicht weit voneinander entfernt sind. Beispiele sind hier z.B. Wien und Bratislava, aber auch Wien und Linz. Der Preis für die Bahnfahrt muss natürlich hinzugerechnet werden.

Gabelflüge nicht ausschließen. Oftmals sind Hin- und Rückflug zu einem Flughafen nicht gleich teuer/billig. Hier kann es sinnvoll sein, den Hin- oder Rückflug zu einem nahegelegenen Flughafen zu wählen.

Suchmaschinen nutzen. Die Nutzung von Suchmaschinen hilft wesentlich, da man dann nicht die Website jeder Fluggesellschaft selbst aufrufen muss. Auf mögliche Probleme haben wir zu Beginn des Beitrags hingewiesen.

Nebenkosten einrechnen. Inzwischen sind nicht nur die Billigflieger sehr erfinderisch, wenn es um Zusatzkosten geht. Achten Sie bei der Buchung auf Folgendes:

- Ist das Gepäck inklusive oder muss zusätzlich bezahlt werden?
- Gibt es Getränke und Snack inklusive oder nur gegen Aufpreis?
- Kostet das Ausdrucken des Tickets am Schalter Gebühren?
- Können Sitzplätze kostenlos reserviert werden oder nur gegen Aufpreis?

Cookies. Last und nicht least: Einige Fluggesellschaften lesen die Cookies auf Ihrem Computer aus und stellen so fest, wenn Sie eine Seite mehrfach aufrufen. Und passen den Preis möglicherweise an die (scheinbar) gestiegene Nachfrage an. Löschen Sie also besser zwischendurch im Bereich „Einstellungen" Ihres Computers die Speicherung von Cookies.

Mietwagen preiswert mieten

Kosten sparen beim Mietwagen, wer will dies nicht? Aber Mietwagen ist nicht Mietwagen, auch die Marke und Größenklasse spielen eine Rolle. Wichtig für Sie zu wissen: Mit entsprechenden Preisvergleichen und einigen Abstrichen bei der Bequemlichkeit lassen sich oft bis zu fünfzig Prozent des Preises sparen. Hier einige Tipps und Tricks:

- Sofern der Abholort nicht im Flughafengebäude ist und es eines Transits bedarf, erhalten Sie viele Mietwagen preisgünstiger, zumindest entfällt der Flughafenaufschlag.
- Fast alle großen und bekannten Mietwagenfirmen haben Billigmarken. Diese bieten die gleichen Autos zu einem geringeren Preis an.
- Nutzen Sie Vergleichsportale für Mietwagen. Diese geben Ihnen einen schnellen Überblick, was ein Wagen der von Ihnen gewünschten Klasse und mit der erwarteten Ausstattung bei den analysierten Anbietern kostet.
- Achten Sie darauf, dass Sie nur Angebote mit Vollkaskoversicherung wählen, da der Schaden ansonsten beträchtlich sein kann. Diese Vollkaskoversicherungen haben immer einen Selbstbehalt, der jedoch unterschiedlich hoch sein kann. Bei der Abholung können Sie den fehlenden Kaskoschutz dann noch aufzahlen.
- Bei einigen Vergleichsportalen übernimmt der Vermittler den Ausgleich der fehlenden Vollkaskoversicherung. Dies sind dann zumeist die Schnäppchen, die sich immer lohnen. Hier bietet es sich möglicherweise auch an, gewisse Abstriche bei der Wahl der Marke zu machen.

Vollkasko-versicherung meint oft nicht eine hundert-prozentige Absicherung

Tipp

Von vielen Buchungsplattformen für Flüge und Hotels wird Ihnen angeboten, Sie automatisch an einen bestimmten Mietwagenanbieter weiterzuleiten. Dies ist sehr bequem, nimmt Ihnen jedoch die Möglichkeit des Preisvergleichs. Wir raten hiervon ab. Die großen Mietwagenfirmen haben für ihre Stammkunden Mitgliedsausweise, die zu einer bevorzugten Behandlung am Schalter, zu Preisnachlässen oder Meilen für ein Meilen-Sammel-Programm einer Fluggesellschaft berechtigen. Das machen die Anbieter nicht ganz uneigennützig. Auch hier soll Ihnen die Möglichkeit des Preisvergleichs genommen werden. Wir raten nicht von diesen Mitgliedschaften ab. Allerdings sollten Sie zuerst obigen Preisvergleich machen und danach schauen, ob Sie den Preis als Club-Mitglied noch weiter senken können.

Bargeld mitnehmen?

Sie planen eine Reise innerhalb oder außerhalb des Euroraums und benötigen einen Teil des Reisegeldes in US-Dollar, indischer Rupie oder auch ungarischem Forint. Aber wo sollten Sie das Geld wechseln? Und was kostet dies?

Die Banken in Österreich verlangen für das Wechseln von Währungen üblicherweise eine Provision. Oftmals in Form eines Fixbetrages unabhängig vom zu wechselnden Betrag. Und oftmals auch nur in scheinbar geringer Höhe: 3,50 Euro zum Beispiel. Bei kleinen Wechselbeträgen macht sich dies jedoch prozentual stark bemerkbar. Auch der Wechselkurs wird Ihnen bereitwillig genannt. Dies ist allerdings der Wechselkurs der Bank, nicht der offizielle Wechselkurs. Am Tag der Recherche lag der offizielle Kurs zwischen Euro und USD (US-Dollar) bei 1,0325 für den Verkauf von Dollar. Die Erste Bank verrechnete aber im Schaltergeschäft für Valuten (Banknoten) einen Kurs von 1,0550 Euro je Dollar. Je Dollar verdient die Bank in diesem Beispiel 0,0225 Euro.

Das sind immerhin rund zwei Prozent der zu wechselnden Summe. Fragen Sie außer nach dem Valutenkurs auch nach dem Devisenkurs, der in der Regel ein Konto bei der Bank voraussetzt. Dieser lag bei gleicher Bank zum gleichen Zeitpunkt nur bei 1,0423 Euro und damit wesentlich günstiger.

Ob der Bankkurs im Ausland günstiger ist als in Österreich? Dies lässt sich nicht pauschal sagen. Bei eher exotischen Währungen ist hiervon auszugehen, da die Beschaffungskosten der österreichischen Banken hier höher sind. Im Ausland wird neben dem Ab-/Aufschlag auf den Währungskurs häufig keine Provision verrechnet. Bei der Wahl des Wechselortes sollten Sie folgende Punkte beachten:

Wie viel Geld in Fremdwährung darf eingeführt werden?

- Gibt es bei dem Reiseland Beschränkungen bei der Einfuhr der heimischen Währung? Dann diese strikt einhalten und maximal den zulässigen Einfuhrbetrag in Österreich wechseln.
- Handelt es sich um eine eher exotische Währung, dann sollte der Großteil des Betrages im Ausland getauscht werden.
- Benötigen Sie unmittelbar nach der Ankunft einheimisches Geld (Taxi, Restaurant in entlegener Gegend, Erfrischungsgetränke etc.), dann sollte zumindest ein kleiner Teil des Geldes in Österreich gewechselt werden.

Tipp

Geldwechsel im Ausland sollten Sie nur am Flughafen oder Fernverkehrsbahnhof oder bei Banken machen. Vom Wechseln beim „fliegenden Händler" raten wir dringend ab, auch wenn die Wechselkurse oft günstiger sind. Allerdings ist auch die Gefahr von Blüten (Falschgeld) entsprechend höher. Fragen Sie Ihr Hotel, den Unterkunftgeber etc. nach dem tagesaktuellen Kurs vor Ort und vergleichen Sie diesen mit dem Angebot österreichischer Banken. Und fragen Sie auch, ob es im Ankunftsbereich des Flughafens oder am Fernverkehrsbahnhof einen (guten) Geldwechselschalter gibt und wie weit die nächste Bank entfernt ist.

Krankheit im Urlaub behandeln

Sie oder ein Familienmitglied wird im Urlaub krank. Wer kann Ihnen hierbei helfen?

Hotelarzt. Wenn Ihr Hotel einen eigenen Arzt hat oder mit einem Vertrauensarzt zusammenarbeitet, ist er die erste Anlaufstation. Zumeist handelt es sich hierbei jedoch „nur" um einen Allgemeinarzt, der Sie aber an Fachärzte oder das entsprechende Krankenhaus weitervermitteln kann.

Reiseveranstalter. Bei Pauschalreisen gibt es meistens einen deutschsprachigen Reisebetreuer, der nur für Ihr Hotel oder einige weitere Hotels zuständig ist. Er kann Ihnen einen vertrauenswürdigen Arzt vor Ort empfehlen und Sie möglicherweise auch beim Arztbesuch begleiten. Ebenso ist eine Begleitung ins Krankenhaus bzw. eine Erklärung der lokalen Besonderheiten möglich. So gibt es in muslimischen Ländern separate Warteräume und Untersuchungsräume für Frauen und Männer. Auch muss das Behandlungsentgelt zum Teil vorab in bar bezahlt werden.

Versicherer. Wenn es um einen längeren Krankenhausaufenthalt geht, sollten Sie Ihren Krankenversicherer informieren. Dies kann eine separate Auslandskrankenversicherung sein, der ÖAMTC-Schutzbrief oder die Krankenversicherung über die Kreditkarte. So kann die Frage der Kostenübernahme direkt zwischen Krankenhaus und Versicherer geklärt werden. Auch kann Ihnen der Versicherer bei einem möglichen und sinnvollen Rücktransport in ein Heimatspital helfen.

Botschaft. Falls Sie keine Ansprechpartner haben, können Sie sich als Österreicher auch an die österreichische Botschaft oder das österreichische Konsulat wenden. Diese können Ihnen einen deutschsprachigen Vertrauensarzt benennen und Ihnen auch bei weiteren Fragen unterstützend zur Seite stehen. Oftmals finden Sie die Arztempfehlungen auch bei den Reisehinweisen des Außenamtes (siehe „Informationen zu Ein- und Ausreise sowie Aufenthalt erhalten", ► Seite 89).

Tipp

Die wichtigsten Straßenadressen, E-Mail-Adressen und Telefonnummern des Versicherers und der österreichischen Vertretung im Urlaubsland sollten Sie immer mit sich führen, insbesondere bei Individualreisen außerhalb von größeren Städten und Tourismusgebieten. Bei Pauschalreisen erhalten Sie mit den Reiseunterlagen auch eine Telefonnummer für Fragen und Hilfeanforderungen. Bewahren Sie sie gut auf.

In Europa zum Arzt gehen

Eine Krankheit oder ein Unfall sind niemals angenehm, innerhalb der Europäischen Union, der EWR-Staaten und der Schweiz jedoch zumeist unproblematisch. Dies liegt daran, dass sich auf der Rückseite der österreichischen e-card die Europäische Krankenversicherungskarte (EKVK) befindet, die bei allen Vertragsärzten und Vertragskrankenanstalten des öffentlichen Gesundheitssystems eines Landes die gleichen Rechte wie für einen Bürger dieses Staates garantiert. Allerdings gibt es auch in anderen Ländern die Situation wie in Österreich, dass Privatärzte die Europäische Krankenversicherungskarte nicht akzeptieren. Dies bedeutet dann, dass die Behandlung zuerst selbst bezahlt werden muss und die Rechnung danach bei der österreichischen Krankenkasse zwecks (Teil-)Erstattung eingereicht werden kann.

Die Europäische Krankenversicherungskarte sichert gleiche Rechte der Patienten

Tipp

Die Rechnung sollte möglichst aussagekräftig sein und folgende Daten enthalten:

- Name
- Art und Umfang der Behandlung
- Diagnose
- Datum der Behandlung

Bei Verlust der e-card oder wenn der Versicherte über keine gültige Europäische Krankenversicherungskarte verfügt (in diesem Fall sind die Datenfelder der Karte mit Sternen versehen), besteht die Möglichkeit, beim zuständigen Krankenversicherungsträger eine „Bescheinigung als provisorischen Ersatz für die EKVK" zu beantragen.

Tipp

Informationen über das Gesundheitssystem des besuchten Landes erhalten Sie unter https://ec.europa.eu/social/social-security-directory/pai/select-country/language/en

Das Gepäck verloren oder verspätet erhalten

Nach dem Ende der Flugreise kommen Sie zum Gepäckband und müssen nach einer halben Stunde Warten einsehen: Ihr Gepäck ist nicht angekommen. Dies kann Ihnen sowohl bei der Heimreise oder auch bei der Hinreise passieren. Wie ist dann vorzugehen?

Verlust melden. Melden Sie den Verlust des Gepäckstücks am Schalter der Fluggesellschaft bzw. am Lost-&-Found-Schalter. Hierzu benötigen Sie neben Ihrem Ausweis auch den Gepäckabschnitt auf der Boarding-Karte. Die Verlustmeldung geschieht mittels PIR-Formular (Property Irregularity Report). Hier geben Sie auch an, wohin der Koffer bei seiner Wiederauffindung geliefert werden soll. Lassen Sie sich eine Telefonnummer zum Nachfragen während der nächsten Tage geben.

Beweise sichern. Heben Sie sowohl den Gepäckabschnitt wie auch eine Kopie des PIR-Formulars auf. Danach sollten Sie zu Hause Belege für den Wert des Koffers und seiner Inhalte zusammensuchen und ebenfalls sicher aufbewahren. Hierzu gehören auch die Rechnungen für Ersatzkäufe.

Seien Sie mißtrauisch bei schnellen Hilfen vor Ort

Keinen Schadenersatz vor Ort akzeptieren. Im Ausland kommt es oftmals vor, dass Ihnen für die Anschaffung von Ersatzkleidung und Waschutensilien ein Schadenersatz in bar angeboten wird. Hierbei werden Sie aufgefordert zu unterschreiben, dass Sie auf weiter gehenden Schadenersatz verzichten. Wichtig: Unterschreiben Sie dies nicht, Ihnen steht zumeist mehr zu.

Ersatzkäufe tätigen. In der Regel nicht bei der Heimkehr, immer jedoch bei der Ankunft am Urlaubsort können Sie Ersatzkäufe tätigen. Aber natürlich nur in Grenzen, denn der Koffer könnte ja am nächsten Tag wieder auftauchen. Einfache Kleidung wie Badesachen, T-Shirt und Waschutensilien sind jedoch möglich, für Smoking o.Ä. reicht der Willen der Fluggesellschaften nicht aus. Kommt der Koffer dann weiterhin nicht, kann auch ein zweiter oder dritter Einkaufsbummel erforderlich sein.

Verloren oder verspätet? Nach 21 Tagen gilt der Koffer nicht mehr als verspätet, sondern als verloren. Sie erhalten dann bis zu 1.300 Euro für den verlorenen Koffer und Ihre Ersatzkäufe. Den entsprechenden Betrag können Sie selbst einfordern oder auch einen Dienstleister gegen Entgelt damit beauftragen (siehe „Mit Flug- und Bahnausfällen sowie Verspätungen umgehen", ► Seite 99).

Hilfe bei Notfällen im Urlaub

Im Urlaub kann es leider auch zu echten Notfällen kommen: Geld oder Dokumente werden gestohlen oder eine vorzeitige Rückreise ist erforderlich. Wer kann Ihnen helfen?

Schnelle Finanzhilfe aus der Heimat

Sie oder ein Angehöriger sind/ist im fernen Ausland unterwegs. Wegen eines unerwarteten Ereignisses wird Geld benötigt, das der Reisende jedoch nicht (mehr) dabeihat. Die Gründe können sehr unterschiedlich sein: Kreditkarte überzogen, Debitkarte wegen GeoControl nicht nutzbar, Geld und Karten verloren oder gestohlen, kein Geldautomat im entlegenen Ort etc. Alles mehr als unerfreulich, aber was kann man tun?

Zahlungsdienstleister. Es gibt Zahlungsdienstleiter wie Western Union, mit denen man Geld ohne Bankverbindung überweisen und empfangen kann. Zwar nicht an jeden Ort der Welt, das Unternehmen wirbt jedoch zumindest mit 500.000 Standorten weltweit. Am Urlaubsort sollte der Zahlungsempfänger prüfen, ob es diesen oder einen anderen Zahlungsdienstleister vor Ort gibt und seinen Namen an die Angehörigen zu Hause weitergeben. Diese können dann von Österreich aus das Geld überweisen und mit einer Money Transfer Control Number (MTCN) nachverfolgen. Allerdings werden diese Zahlungsdienstleister oft auch von Betrügern genutzt: Ein Anruf „nach Hause", „Habe Probleme, schick Geld, ...", kann bei den besorgten Eltern oder Großeltern schnell zu einer voreiligen Überweisung führen, die sich nicht mehr stoppen lässt. Es empfiehlt sich daher, vor dem Urlaub ein Kennwort zwischen Urlauber und heimischer Kontaktperson zu vereinbaren oder im Gespräch sehr persönliche und anderen Personen nicht bekannte Tatbestände abzufragen.

Diplomatische Vertretung. Durch eigene Überweisung oder durch einen Geldübertrag von Familie, Freunden oder Arbeitgeber können österreichische Staatsbürger beim Außenministerium ein Gelddepot anlegen, das der Auszahlung durch die diplomatische Vertretung im Ausland dient. Sofern dies nicht möglich ist, kann die diplomatische Vertretung bei unverschuldeten Notlagen auch einen Vorschuss auszahlen, der nach der Heimkehr natürlich zurückgezahlt werden muss. Dies nennt sich Heimsendungsdarlehen und dient der preisgünstigen Heimreise nach Österreich. Voraussetzung ist hierfür die polizeiliche Meldung in Österreich. Nicht genutzt werden kann der Dienst des Außenministeriums für Urlaubsverlängerungen, Weiterreise oder gar Einkäufe.

Ein Heimsendungsdarlehen ist nur für die Heimreise möglich

Wer hilft bei verlorenen Dokumenten?

Sie sind im In- oder Ausland unterwegs und haben je nach Reiseziel Ihren Führerschein, Ihren Personalausweis oder Reisepass als Reisedokument dabei. Wobei nur der Reisepass auch zum Grenzübertritt berechtigt und der Führerschein nur in Österreich als offizielles Ausweisdokument anerkannt ist. Und dann passiert das nicht Erwartete: Ihre Tasche mit den Reisedokumenten bleibt irgendwo stehen oder wird Ihnen gestohlen. Was können Sie tun? Ein Reisepassverlust stellt Reisende in der Regel vor große Probleme. Österreichische Botschaften und manche Konsulate können Ihnen einen neuen Pass (Notpass) für die Heimreise ausstellen. Allerdings müssen Sie Ihre Identität und Ihre österreichische Staatsbürgerschaft nachweisen.

Tipp

Wenn Sie eine Fotokopie Ihres alten Passes bei sich haben, kann Ihnen schneller geholfen werden. Darüber hinaus brauchen Sie eine Verlust- oder Diebstahlsanzeige der örtlichen Polizei und ein Passbild.

In Ländern, in denen sich keine österreichische Auslandsvertretung befindet, können Sie bei der Vertretung eines anderen EU-Mitgliedstaates anstatt eines Notpasses einen EU-Rückkehrausweis zur Heimreise beantragen. Die Ausstellung eines solchen Ausweises kann aber unter Umständen längere Zeit in Anspruch nehmen.

Fahrzeugpapiere und Führerschein können nur in Österreich selbst ersetzt werden. Und die Verlustbescheinigung der Polizei reicht nicht in allen Ländern für die Rückreise nach Österreich aus. Hier können Ihnen in Hinblick auf die für Ihr Reiseland geltenden Regelungen die Websites Ihres Automobilclubs (ARBÖ, ÖAMTC) helfen. Auch bieten diese zum Teil einen Rückholservice an, d.h., Sie können trotz verlorenen Führerscheins mit einem anderen Fahrer über die Grenze gelangen. Bei der Nutzung von Mietwagen erhalten Sie diesen Rückholservice bzw. neue Fahrzeugpapiere in der Regel von Ihrer Mietwagenfirma.

Nehmen Sie Kopien der wichtigsten Dokumente zumindest virtuell mit

Tipp

Nehmen Sie vorsichtshalber auch von Fahrzeugpapieren und Führerschein eine Kopie mit, die Sie nicht am selben Ort wie die Originale verwahren. Oder Sie stellen die Scans in die Cloud, sodass Sie jederzeit an eine Kopie der Unterlagen gelangen können.

Wer hilft beim Reiseabbruch und Rücktransport?

Ein Reiseabbruch und Rücktransport sind immer ungeplant und zum Glück nicht so häufig. Was jedoch auch dazu führt, dass die wenigsten Reisenden Erfahrungen in dieser Angelegenheit haben. Ein Reiseabbruch und auch der Rücktransport in Österreich lassen sich noch am einfachsten handhaben. Wesentlich komplizierter ist es dann aber im entfernteren Ausland. Wir haben Ihnen einige Tipps zusammengestellt:

- Dokumentieren Sie beim Reiseabbruch genau die Gründe für den Abbruch und sammeln Sie Beweise hierfür. Das können Unterlagen von Arzt oder Krankenhaus sein, Polizeibericht von einem Unfall, Reiseunterlagen, Ticket der Rückflüge, Namen und Adressen von Zeugen etc.
- Informieren Sie Ihre Reiserücktrittsversicherung über den Reiseabbruch und klären Sie, welche Unterlagen sie benötigt. Dies ist zumeist ein Bericht (Formular des Versicherers), der Beleg der angefallenen Kosten sowie ein Bericht des Krankenhauses über die aufgetretene Erkrankung etc.
- Informieren Sie Ihren Reiseleiter bzw. das Reisebüro über den geplanten Reiseabbruch und fragen Sie um Unterstützung nach. Das Reisebüro sollte im Urlaubsland bessere Kontakte z.B. über die örtlichen Mitarbeiter haben und die Situation vor Ort besser einschätzen können.
- Informieren Sie Ihre Unterkunft im Urlaubsland und fragen um deren Unterstützung an.
- Sofern Sie Mitglied im ÖAMTC sind und auch den Schutzbrief haben, ist dort auch ein Rücktransport inkludiert. In Österreich ist dies die Kranken-Rettung und Fahrzeug-Rückholung, im Ausland die Heimreise nach Unfall oder Erkrankung.
- Die diplomatische Vertretung Österreichs in Ihrem Urlaubsland bietet ebenfalls Mithilfe beim Rücktransport von Kranken, Verletzten und Verstorbenen.
- Informieren Sie Familie und Freunde in Österreich, damit diese Ihnen bei der weiteren Organisation (Krankentransport vom Flughafen etc.) in Österreich helfen.

Tipp

Schalten Sie so früh wie möglich die genannten Helfer ein. Diese kennen die besonderen Problematiken z.B. beim Rücktransport und können aufgrund ihrer Erfahrung besser damit umgehen als Sie oder Ihre Reisebegleiter, die mit der Situation leicht überfordert sein können.

Mit Flug- und Bahnausfällen sowie Verspätungen umgehen

Sie haben eine ganz besondere Reise gebucht. Allerdings mit mehrfachem Umsteigen. Entweder um durch einen Flug mit Zwischenstopp Geld zu sparen oder da Ihr Reiseziel ohne ein Umsteigen nicht erreichbar ist. Dies kann eine Zugfahrt zum Flughafen sein oder auch ein internationaler Flug mit anschließendem nationalem Flug zum entlegeneren Ziel. Zumeist geht dies gut, da ja das Reisebüro mit möglichen Verspätungen Erfahrungen hat und entsprechende Pufferzeiten einkalkuliert. Aber manchmal reichen auch diese nicht aus. Was können Sie tun?

Die Handlungsmöglichkeiten sind natürlich sehr unterschiedlich und abhängig von den betroffenen Verkehrsmitteln, dem Reiseland, dem Schuldigen an der Verspätung oder dem Ausfall. Wir geben einen Überblick über mögliche Handlungsoptionen:

Was sind Ihre Handlungsoptionen?

- Fragen Sie bei jeder Verspätung und jedem Ausfall nach der wahrscheinlichen bzw. möglichen zeitlichen Verzögerung
- Prüfen Sie an Hand Ihrer Reiseunterlagen, ob die geplanten Pufferzeiten für diese Verspätung ausreichend sind. Falls ja: Genießen Sie die Reise.
- Falls nein: Sprechen Sie mit dem Begleitpersonal wie Schaffner, Flugbegleitern oder dem Schalterpersonal über die folgenden Möglichkeiten:
  - Können Passagiere beim Verlassen des Fahrzeugs bevorzugt zu werden, um Zeit zu sparen?
  - Kann das nachfolgende Beförderungsmittel verständigt werden über die Verspätung und auf die umsteigenden Passagiere warten?
  - Kann die Weiterreise auf einen späteren Termin umgebucht werden?
  - Können Passagiere und (hoffentlich) das Gepäck vom Bodenpersonal mittels Sonderbus zum nächsten Flieger gebracht werden?
- Informieren Sie Ihr Reisebüro und fragen nach, ob es ebenfalls die genannten Alternativen prüfen und organisieren kann.

Tipp

Bleiben Sie trotz allem Ärger und aller Ängste ruhig. Dokumentieren Sie die gesamte Verspätung oder den Ausfall mit Zeiten und genannten Gründen als Beweissicherung. Bei Flugverspätungen

- bis zu 1.500 km um zwei Stunden oder mehr
- innerhalb der EU ab 1.500 km um drei Stunden oder mehr
- bei Flügen von 1.500 km bis zu 3.500 km (nicht innerhalb der EU) um drei Stunden oder mehr
- bei Flügen über 3.500 km (nicht innerhalb der EU) um vier Stunden oder mehr

stehen Ihnen Verpflegung und möglicherweise eine Übernachtung sowie ein Schadenersatz zu. Gleiches gilt für Flugausfälle. Bei der Bahn gibt es den Schadenersatz ab 60 Minuten Verspätung.

Kommen Sie bei der Geltendmachung Ihrer Rechte allein nicht weiter und werden immer nur vertröstet, so sollten Sie sich zuerst einmal an einen der kostenlosen Konsumentenschutzverbände (siehe Adressen/Links, ► Seite 136) wenden. Dort erhalten Sie einerseits guten Rat, möglicherweise wird aber auch einer der Verbände in Ihrer Angelegenheit aktiv und übernimmt den Schriftverkehr oder unterstützt Sie mit einer Klage. Daneben gibt es weitere Dienstleister bei Reisemängeln, die Ihre Ansprüche kostenlos prüfen und nur im Erfolgsfall mit einem Anteil von rund 30 Prozent der Erstattung/Entschädigung bezahlt werden.

Die Schlichtungsstelle hilft Ihnen kompetent und kostenlos

Tipp

Sie können die Vorprüfung Ihrer Ansprüche im Internet einfach durchführen, ohne bereits einen Vertretungsvertrag abschließen zu müssen. Wird Ihnen kein Erfolg in Aussicht gestellt, wird der Fall in der Regel von Dienstleistern mit Erfolgsbeteiligung nicht übernommen; dann werden aber auch Ihre eigenen Anstrengungen mit hoher Wahrscheinlichkeit umsonst sein. Wird Ihnen jedoch ein Erfolg in Aussicht gestellt, können Sie es auch zuerst einmal selbst versuchen und sich die Erfolgsbeteiligung sparen. Bevor Sie einen der nachfolgende Anbieter mit Erfolgsbeteiligung wählen, sollten Sie die als Schlichtungsstelle eingerichtete Agentur für Passagier- und Fahrgastrechte (apF, www.apf.at), einschalten. Diese hilft Ihnen kostenfrei, würde jedoch im Zweifelsfall Ihren Fall nicht vor Gericht ausfechten. Einige – nicht alle – der Internet-Anbieter (die Nennung ist keine Empfehlung) sind:

- https://www.flightright.de/ihre-fluggastrechte
- https://www.apf.gv.at/de/flugverspaetung-entschaedigung.html
- https://www.airhelp.com/de-at/flugverspaeetung-entschaedigung/
- https://claimflights.at/flugverspaetung/entschaedigung/

Reisemängel versilbern

Sie wollen Ihren Urlaub genießen, aber dann stellen Sie fest, dass einzelne Leistungen nicht den versprochenen Reiseleistungen entsprechen. Sie bringen dies beim Hotel und Reiseveranstalter zur Sprache und dieser bietet Ihnen „aus Kulanz" einige kleine Zusatzleistungen wie kostenlose Ausflüge an. Nur sollen Sie ihm bestätigen, dass damit alle Rechte und Pflichten erledigt sind. Sollen Sie dies machen? Einen Rechtsanwalt im fernen Urlaubsland können Sie ja kaum beauftragen.

In Deutschland haben Richter mit Schwerpunkt Reiserecht am Landesgericht Frankfurt eine Zusammenstellung von früheren Urteilen zu Reisepreisminderungen bei Reisemängeln ausgearbeitet. Und waren damit Namensgeber für die sogenannte Frankfurter Liste. Die Preisminderungen werden jeweils in Prozent vom Reisepreis ausgedrückt, so dass auch ein Laie schnell errechnen kann, was die Leistungsminderung in Euro ausmacht. Und natürlich: Auch österreichische Richter ziehen diese Frankfurter Liste gerne bei der Schadensermittlung heran. Als Gegenstück und Ergänzung zur in Deutschland verwendeten Frankfurter Liste haben der

Tipp

Bevor Sie eine für Sie ungünstige „Kulanzlösung" akzeptieren, sollten Sie zuerst über das Internet prüfen, welche Richtwerte sich aus der bisherigen Rechtsprechung ergeben. Oft genügt ein Hinweis auf die Werte der Frankfurter oder Wiener Liste, um noch mehr „Kulanz" zu erhalten, oder Sie dokumentieren die Mängel und deren Anzeige bei Veranstalter und Hotel. Und tragen den Rechtsstreit dann nach dem Urlaub aus. Unterstützung für eine außergerichtliche Lösung erhalten Sie bei Bedarf auch beim VKI.

Wiener Rechtsanwalt Dr. Eike Lindinger und die Rechtsanwaltsanwärterin Mag. Andrea Scheibenpflug eine „Wiener Liste" – als Auswertung der österreichischen Rechtsprechung zum Reiserecht – veröffentlicht (siehe Literatur, ► Seite 134).

Mit geringem Aufwand können Sie Ihre mögliche Entschädigung abschätzen

Beispiele der Frankfurter Liste

Art der Leistung	Mängelposition	Minderung (%)	Bemerkung
Unterkunft	Abweichung vom gebuchten Objekt	10 – 25	je nach Entfernung
	Abweichende örtliche Lage	5 – 15	
	Abweichende Art der Unterbringung in der gebuchten Unterkunft (Hotel statt Bungalow, abweichendes Stockwerk)	5 – 10	
	Abweichende Art der Zimmer a) DZ statt EZ b) DreibettZ statt EZ c) DreibettZ statt DZ d) VierbettZ statt DZ	 20 25 20 – 25 20 – 30	entscheidend, ob Personen der gleichen Buchung oder unbekannte Reisende zusammengelegt werden

Quelle: www.europakonsument.at

Die vollständige Frankfurter Liste erhalten Sie von www.europakonsument.at zum Download unter Punkt 10, https://europakonsument.at/de/page/faq-pauschalreise.

Werbung abstellen auf Facebook

Immer noch ist Facebook der Inbegriff für Social Media. Es kann kostenlos genutzt werden, hierfür setzt man sich allerdings nicht wenigen Werbeeinblendungen aus. Diese aber lassen sich abstellen oder verringern. Unterbinden lassen sich vor allem Werbeeinblendungen aufgrund des eigenen Surfverhaltens: Der neue Koffer ist nach Internetrecherchen längs gekauft, dennoch werden Ihnen laufend weitere Koffer mittels Werbung angepriesen. Wir greifen auf einen Beitrag der Stiftung Warentest (siehe Literatur, ► Seite 134) zurück und zeigen Ihnen, wo die Stellschrauben sind.

Nach dem Einloggen bei Facebook klicken Sie rechts oben auf das Zahnrad und wählen „Kontoeinstellungen" aus. Klicken Sie bei „Werbeanzeigen & Freunde" (in der Liste ganz links) auf „Bearbeiten" und wählen Sie im Auswahlmenü „Niemand" an.

Ebenfalls unter „Kontoeinstellungen" gehen Sie bei „Webseiten Dritter" auf „Bearbeiten" und wählen auch hier „Niemand" aus.

Unter „Werbeanzeigen" finden Sie unter anderem den Punkt „Custom Audiences für Webseite und Handy-App". Klicken Sie „Opt out" an und betätigen Sie auf der folgenden Seite den Button mit der Aufschrift „Abbestellen" oder „Opt out". Leider gilt diese Änderung nur für das gerade von Ihnen verwendete Gerät und den gerade verwendeten Browser. Wiederholen Sie daher das Vorgehen in jedem Browser und auf jedem Gerät, mit dem Sie Facebook verwenden.

Falls Sie sich noch immer von einzelnen Anzeigen gestört fühlen: Fahren Sie mit der Maus über die Anzeige. Sobald ein Kreuz oder ein Pfeil erscheint, klicken Sie diesen an. Sie haben dann die Wahl, nur diese eine Anzeige oder sämtliche Werbung des Anbieters zu unterbinden. Zusätzlich erscheint der Punkt „Über diese Werbeanzeige". Klicken Sie ihn an, um zu überprüfen, ob Sie dadurch zur Website des Anbieters oder einer Werbeagentur weitergeleitet werden. Ist das der Fall, finden Sie auf der Seite einen „Opt out"-Button, mit dem Sie die Werbeanzeigen dieses Anbieters abstellen können.

Tipp

Ihre Freunde in Facebook, d.h. alle Ihre Kontakte, können Ihr Surfverhalten einsehen, wenn Sie auf Internetseiten „Gefällt mir" anklicken oder Einträge in Kommentarleisten machen, die als „Soziales Plug-in von Facebook" gekennzeichnet sind. Dies können Sie nur dadurch vermeiden, dass Sie bei Ihren Aktivitäten zurückhaltender sind.

Elektro-Scooter nutzen

Elektro-Scooter (E-Scooter) sind für viele ein hippes Transportmittel, für viele andere hingegen ein Ärgernis. In Wien und damit auch in Österreich wurden sie im September 2018 erstmals von einem professionellen Vermieter auf die Straße gebracht, im Jahr 2022 gab es fünf Anbieter mit gesetzlich begrenzten jeweils maximal 1.500 E-Scootern. Die Kosten für die Nutzung teilen sich auf in einen Basispreis von rund 1 Euro und einer zeitabhängigen Gebühr zwischen 25 und 40 Cent.

Hipp oder ein Ärgernis: Der Unterschied liegt im Auge des Betrachters

Hipp, aber nicht gänzlich ungefährlich sind die E-Scooter für die Benutzer. Immerhin 2.800 Unfälle mit anschließendem Krankenhausaufenthalt gab es allein im Jahr 2021. Die Schaffung von zusätzlichen Regeln auch zur Verbesserung der Verkehrssicherheit ist daher zu erwarten. An welche Regeln müssen sich Benützer bereits jetzt halten?

Höchstgeschwindigkeit. E-Scooter haben eine zulässige Höchstgeschwindigkeit von 25 km/h. Diese wird vom Hersteller bzw. Vermieter voreingestellt, sodass der Fahrer hier nichts Weiteres persönlich beachten muss.

Anzahl Fahrende. Ein E-Scooter darf immer nur von einer Person genutzt werden, als Transporteur von Passagieren wie Freund oder Freundin ist er nicht zugelassen.

Fahrbahn. Im Jahr 2019 erfolgte eine Gleichstellung von E-Scootern mit Fahrrädern. Seither dürfen E-Scooter nur noch auf der Straße oder auf Fahrradwegen genutzt werden. Das Fahren auf Gehsteigen hingegen ist verboten.

Parken. Das Parken auf Gehsteigen, die eine Breite von unter vier Metern aufweisen, ist verboten. Und da dies in der Praxis nicht immer funktioniert, müssen E-Scooter, die andere Personen behindern, vom Anbieter innerhalb von zwei Stunden entfernt werden.

Ausblick. Änderungen sind in erster Linie bei der Verkehrssicherheit und beim Parken zu erwarten. So könnte für E-Scooter eine Geschwindigkeitsreduktion auf 20 km/h eingeführt werden. Und die Behinderung durch parkende E-Scooter auf Gehwegen könnte durch Geldstrafen für Anbieter und/oder Nutzer wesentlich an Attraktivität verlieren.

Fischen in Österreich

Die Regelungen zum Fischen in Österreich sind in den Landesgesetzen festgelegt. Erforderlich ist in jedem Fall der Besitz einer Fischerkarte, deren Erlangung an verschiedene Voraussetzungen gebunden ist. Im Fall des Landes Steiermark sind dies:

- Mindestalter von 14 Jahren
- erfolgreiche schriftliche Fischerprüfung
- keine mehrfache rechtskräftige Verurteilung wegen Übertretungen des Fischereigesetzes

Personen unter 14 Jahren und Bewerber um eine Fischerkarte dürfen ebenfalls fischen, wenn sie in Begleitung und unter Aufsicht eines berechtigten Fischers sind.

Zuständig für die Ausstellung ist die jeweilige Bezirksverwaltungsbehörde (Bezirkshauptmannschaft bzw. Magistrat) des Hauptwohnsitzes. Die Fischerkarte lautet auf den Namen und ist beim Fischen mitzuführen.

Tipp

Auch die Ausstellung von Fischergastkarten ist möglich. Diese gelten dann für die Dauer von vier Wochen.

Umsatzsteuerrückerstattung nutzen

Kaufen Sie Waren in einem Land außerhalb der EU, dann können Sie unter bestimmten Umständen die gezahlte Mehrwertsteuer erstattet bekommen. Die Grundlage hierfür nennt sich Touristenexport. Die Regelungen hierfür sind von Land zu Land etwas unterschiedlich. Diese erfahren Sie jeweils über die Botschaft bzw. diplomatische Vertretung des Ziellandes. In der Regel auch über deren Website. Und natürlich vom Verkäufer der Waren.

Tipp

Geben Sie in einer Suchmaschine das Land und den Begriff „Umsatzsteuerrückerstattung" oder alternativ „sales tax", „value added tax" oder „VAT" ein.

Worauf Sie sich bei der Umsatzsteuerrückerstattung einstellen müssen, zeigen wir Ihnen am Beispiel von Österreich:

Der Touristenexport ist an bestimmte Bedingungen geknüpft

- Beim Kauf der Waren müssen Sie eine Rechnung mit ausgewiesener Mehrwertsteuer erhalten. Die Rechnung muss über einem Mindestbetrag ausgestellt sein, im Falle von Österreich muss sie mindestens auf 75 Euro lauten.
- Im Reisepass ist ein Wohnort oder gewöhnlicher Aufenthalt außerhalb des Reiselandes eingetragen. Dies bedeutet, dass Sie die Ware ausführen (exportieren) und das Land z.B. nur als Tourist besucht haben. Hieraus leitet sich auch der Begriff Touristenexport ab.

Beachten Sie immer auch die Einfuhrbestimmungen in Österreich

- Die Ware wird im gewöhnlichen Reisegepäck ausgeführt, d.h. nicht mit der Post geschickt.
- Die Ausfuhr muss im zeitlichen Zusammenhang mit dem Kauf geschehen, z.B. innerhalb von drei Monaten.
- Die Ausfuhr muss gegenüber dem Verkäufer nachgewiesen werden:
  - Rücksendung eines vom Verkäufer ausgestellten Formblatts
  - Rechnung mit zollamtlicher Bestätigung der Ausfuhr

Tipp

Die Rückerstattung der Umsatzsteuer des Kauflandes befreit Sie nicht von der Notwendigkeit, bestimmte Waren und weitere Waren bei Überschreiten bestimmter Beträge bei der Einfuhr nach Österreich zu versteuern. In der Summe ersparen Sie sich jedoch immer die Umsatzsteuer des Herkunftslandes. Einen Teil der Rückforderung müssen Sie bereits im Reiseland durchgeführt haben (Rechnung, Formular vom Verkäufer, Zollbestätigung bei Ausreise).

Immobilien in Eigentum oder Miete

Immobilien in Eigentum oder Miete, zum Wohnen oder auch zum Geld verdienen: Es stellt sich jeweils die Frage nach den eigenen Rechten (was darf ich) und den eigenen Pflichten (was muss ich beachten und was ist nicht erlaubt). Und auch in diesem Bereich lassen sich Kosten einsparen. Auch wenn man selbst nicht in jeder Frage wie der korrekten Nebenkostenabrechnung firm ist: Zumindest sollte man wissen, wer einem kompetent helfen kann.

Raum oder Wohnung untervermieten

Sie haben eine Wohnung gemietet und bewohnen diese auch selbst. Jetzt möchten Sie diese teilweise untervermieten. Was müssen Sie hierbei beachten?

Zuerst einmal sollten Sie in Ihren Mietvertrag schauen, ob dort etwas zu einer Untervermietung festgehalten ist. Dies gibt Ihnen einmal eine Orientierung, wie der Vermieter zu einer Untervermietung steht. Auch bei einem Verbot im Mietvertrag ist eine Untervermietung zulässig, wenn der Vermieter im konkreten Fall hierzu einwilligt oder vom Gesetz geregelt ist, dass der Vermieter nicht widersprechen darf.

Unterliegt die Wohnung dem Mietrechtsgesetz (Vollanwendungsbereich bei Wohnungen in vor dem Ende des Zweiten Weltkriegs errichteten Mehrparteienhäusern; Teilanwendungsbereich bei Wohnungen in Neubauten ab dem 8. Mai 1945, die in Wohnungseigentum stehen), kann der Vermieter den Hauptmietvertrag aufkündigen oder die Untervermietung ablehnen. Voraussetzungen hierfür sind, dass

- die Wohnung zur Gänze (gesamte Wohnung) untervermietet wird, d.h. vom Mieter und eventuellen Eintrittsberechtigten offenkundig nicht dringend benötigt wird, oder
- vom Mieter gegen einen unverhältnismäßig hohen Untermietzins teilweise untervermietet wird. Im Vollanwendungsbereich des Mietrechtsgesetzes ist dies der Fall, wenn der Untermietzins den Hauptmietzins um 50 Prozent übersteigt.

Kann die Wohnung mit Gewinn untervermietet werden?

Kein Kündigungsgrund, wohl aber ein Grund zur Ablehnung bzw. zur Klage auf Unterlassung liegt vor, wenn:

- Grund für die Besorgnis besteht, dass der Untermieter den Hausfrieden stört
- es zu einem Überbelag kommt, d.h., es gibt durch die Untervermietung mehr Bewohner als Anzahl von Wohnräumen

Liegt keiner der genannten Gründe vor, ist eine Untervermietung der Wohnung im Vollanwendungsbereich des Mietrechtgesetzes auch ohne die Zustimmung des Vermieters zulässig. Kommt das Mietrechtsgesetz nicht zur Anwendung, wie z.B. bei freifinanzierten Neubauwohnungen, gilt immer der Mietvertrag.

Tipp

Mit der Untervermietung soll auch ein Kostenersatz erfolgen. Dies ist jedoch eine Vereinbarung – ein Vertrag – zwischen Mieter und Untermieter. Das Verhältnis von Vermieter zu Mieter wird hierdurch nicht berührt. Sie als Mieter sind also weiterhin für die vollständige Mietzahlung verantwortlich. Und müssen Ihren Mietertrag auch versteuern.

Richtwertmiete verstehen und prüfen

Der Richtwertmietzins ist ein angemessener Hauptmietzins, allerdings mit einem feststehenden Ausgangswert, dem Richtwert. Dieser Richtwert wird je Bundesland für die mietrechtliche Normwohnung (mindestens 30 Quadratmeter, WC, Bad, Vorraum, mindestens ein Zimmer, Zentralheizung) festgelegt. Zur Ermittlung des Richtwertmietzinses wird dieser Richtwert mit Zu- und Abschlägen versehen. Nach oben hin ist der Richtwertmietzins begrenzt durch die Angemessenheit und nach unten hin durch den Kategoriemietzins. Die Richtwertmiete gilt hierbei im Vollanwendungsbereich des Mietrechtsgesetzes. Dies ist bei allen Mietwohnungen in Gebäuden der Fall, die vor dem 1. Juli 1953 errichtet wurden und mehr als zwei Wohnungen haben. Handelt es sich um eine Eigentumswohnung, so gilt als Frist der 8. Mai 1945. Zusätzlich auch bei neueren Wohnungen, wenn die Errichtung der Mietwohnungshäuser gefördert wurde. Auf Ebene der Wohnungen darf die Wohnfläche nicht mehr als 130 Quadratmeter betragen.

Die aktuellen Richtwerte für eine Normwohnung sind wirksam ab dem 1.4.2022, sofern ein neuer Vertragsabschluss ab 1.4.2022 erfolgte. Dies sind derzeit:

Bundesland	Richtwert (Euro/m^2)
Burgenland	5,61
Kärnten	7,20
Niederösterreich	6,31
Oberösterreich	6,66
Salzburg	8,50
Steiermark	8,49
Tirol	7,50
Vorarlberg	9,44
Wien	6,15

Quelle: https://mietervereinigung.at/4894/Richtwert

Zu diesen Richtwerten wird mit Zu- und Abschlägen gerechnet, die sich an Folgendem orientieren:

Die Gründe für Zu- und Abschläge werden kontrovers diskutiert

- Lage der Wohnung innerhalb des Gebäudes
- Ausstattung der Wohnung
- Erhaltungszustand des Hauses
- Lage des Hauses.

Insbesondere der Lagezuschlag ist Anlass für wiederkehrende Diskussionen und Streitereien. Unstrittig ist hingegen, dass für befristete Mietverhältnisse ein Abschlag von 25 Prozent berechnet werden muss.

Tipp

Nun, wenn man gerade eine Wohnung sucht, wird man kaum dem Vermieter sagen, dass seine Mietforderung zu hoch ist und er gegen Gesetze verstößt. Allerdings sind eine Prüfung und Reklamation auch noch im Nachhinein möglich. In Wien ist hierfür u.a. die Schlichtungsstelle für wohnrechtliche Angelegenheiten (MA 50) zuständig. Die Korrektheit der Miete können Sie zusätzlich im Internet unter folgenden Links prüfen:

- https://mein.wien.gv.at/Meine-Amtswege/Richtwert/
- https://mietervereinigung.at/839/Rechneruebersicht

Eine Rückzahlung bei einem überhöhten Mietzins müssen Sie innerhalb von bestimmten Fristen geltend machen:

- **Unbefristeter Vertrag.** Innerhalb von drei Jahren ab Vertragsabschluss
- **Befristeter Vertrag.** Innerhalb von sechs Wochen nach Auflösung des Mietverhältnisses bzw. der Umstellung auf einen unbefristeten Vertrag

Insbesondere bei befristeten Verträgen kann der Mieter daher auch erst nach Vertragslösung die Miethöhe reklamieren und zum Teil viel Geld zurückerhalten.

Wohnung an Touristen vermieten

Nicht wenige Mieter und Eigentümer auch in Österreich spielen mit dem Gedanken, ihre Wohnung kurzfristig an Touristen zu vermieten, oftmals über Online-Plattformen. Dies wird auch mit dem Begriff Kurzzeitmiete bezeichnet. Hierbei ist jedoch eine Vielzahl von Regeln zu beachten. Wir schauen uns die wichtigsten Regeln an, wobei die Kurzzeitmiete in Österreich nicht einheitlich geregelt ist.

Generell gilt bei gemieteten Wohnungen, dass der Vermieter der Kurzzeitmiete zustimmen muss. Dies gilt selbst dann, wenn die Untervermietung im Mietvertrag nicht prinzipiell ausgeschlossen ist. Bei Wohnungseigentum in Mehrfamilienhäuser wird davon ausgegangen, dass die anderen Eigentümer einer Nutzung der Wohnung als Kurzzeitmiete zustimmen müssen. Andere Wohnungseigentümer, die sich durch ständige wechselnde Wohnungsnutzer gestört fühlen, können den betreffenden Wohnungseigentümer auf Unterlassung klagen.

Aber auch der Gesetzgeber ist bemüht, Kurzfristvermietungen unattraktiver zu machen. Im Jahr 2018 wurde in Wien die Bauordnung geändert, um die kommerzielle Nutzung von Wohnraum zu begrenzen. Eine kurzfristige gewerbliche Nutzung ist demnach keine Tätigkeit, die üblicherweise in Wohnungen ausgeübt wird. Kurzfristvermietungen sind daher unzulässig, wenn die Wohnung als Widmung „Wohnzone" hat. In Salzburg ging man einen anderen Weg und änderte nicht die Bauordnung, sondern das Raumordnungsgesetz. Dieses Gesetz verlangt für touristische Vermietungen eine baubehördliche Bewilligung, damit die Wohnung „zweckentfremdet" werden darf. Diese Bewilligung ist auf zehn Jahre befristet und darf nur erteilt werden, wenn keine Wohnbauförderungsmittel in Anspruch genommen wurden, wenn keine hohe Nachfrage nach hauptwohnsitzlichen Wohnungen besteht und wenn die Wohnung als Hauptwohnsitz ungeeignet ist. Ähnliche Änderungen wurden auch in Tirol beschlossen, um Wohnraum für Einheimische zu erhalten.

Die Bundesländer wollen die Kurzzeitmiete unattraktiver machen

Sofern eine Kurzzeitmiete dann im konkreten Fall zulässig ist, muss der Vermieter einige Regeln beachten:

Meldepflichten beachten. Das Meldegesetz von Österreich sieht vor, dass Beherbergungsbetriebe und damit auch Kurzzeitvermieter die Mieter innerhalb von 24 Stunden behördlich anmelden müssen. Unter Anmeldung wird verstanden, dass der Beherbergungsbetrieb Daten wie Name, Geburtsdatum, Geschlecht, Staatsangehörigkeit, Herkunftsland, Adresse, An- und Abreisedatum sowie Passnummer schriftlich erfasst und vom Gast unterschreiben lässt. Der Gastgeber ist verantwortlich, dass diese Daten zeitnah an die Behörden weitergegeben werden.

Ortstaxe abführen. Grundsätzlich muss bei der Vermietung von Wohnraum – gleich ob gewerblich oder privat – Ortstaxe bezahlt werden. Verantwortlich für die Einhebung und Abgabe der Ortstaxe ist der Vermieter. Nach der Meldung der Gäste wird der Betrag vom Tourismusverband auf Grundlage der Anzahl der Nächte berechnet und dem Vermieter monatlich in Rechnung gestellt. Je nach Bundesland oder Ort kann die Ortstaxe unterschiedlich hoch sein.

Steuern bezahlen. Auch Kurzzeitvermieter sind verpflichtet, ihre Einnahmen zu versteuern. Dies betrifft in jedem Fall die Einkommensteuer und teilweise auch die Umsatzsteuer.

Abwassergebühren einsparen

Bei Ihrer Gemeinde bezahlen Sie einerseits den Wasserbezug und andererseits die Wasserentsorgung, da hierfür ja die Kanalisation genutzt wird. Aber nicht jeder Liter bezogenen Wassers geht auch in die Kanalisation, sodass Sie in einigen Fällen eine Herabsetzung der Abwassergebühren beantragen können.

Herabsetzung unter Nachweiserbringung. Hierfür muss nachgewiesen werden, dass ein Teil des bezogenen Wassers (mehr als 5 Prozent, mindestens jedoch über 100 Kubikmeter) nicht in den Kanal gelangt ist. Gründe sind z.B. Rohrbruch, Bewässerung, Wasserverbrauch eines Produktionsbetriebes. Als Nachweis bei einem Rohrbruch kann z.B. die Rechnung eines Installateurs verwendet werden. Der Antrag erfolgt im Nachhinein und muss bis zum Jahresende des entsprechenden Jahres erfolgen.

Pauschalherabsetzung. Eine pauschale Herabsetzung gilt ab der Genehmigung und kann in zwei Fällen beantragt werden

Zwei Arten der Kostenreduktion für Abwasser

- Bei Kleingärten und Kleingärtnervereinen beträgt die Herabsetzung jeweils die Hälfte der bezogenen Wassermenge (aus der öffentlichen Wasserversorgung oder aus einer Eigenwasserversorgungsanlage),
- Bei Baulichkeiten mit maximal zwei Wohnungen von maximal 150 Quadratmeter Wohnnutzfläche gilt, dass 200 Liter je Tag nachgesehen werden, sofern hierdurch die Abwassermenge nicht unter 270 Liter je Wohnung fällt. Liegt der tägliche Wasserbezug unter 470 Litern (Mindestverbleib 270 Liter plus Nachlass von 200 Litern), so gilt folgende Staffelung:
  – unter 270 Litern: kein Nachlass
  – zwischen 270 und 470 Litern: anteilige Berechnung des Nachlasses bis zu 200 Liter.

Tipp

Obige Regelung gilt für Wien, zuständig ist die Magistratsabteilung (MA) 31. Die Anträge finden Sie hier:

- https://www.wien.gv.at/formularserver2/user/formular.aspx?pid=a9f88ddfb38f463ea03fde222d4630e7&pn=Bb13858daa2d64be9ab4c402423c05699
- https://www.wien.gv.at/formularserver2/user/formular.aspx?pid=a9f88ddfb38f463ea03fde222d4630e7&pn=B186ccb1c850d4a358f8b2d060c3a2feb

Sofern Sie in einer anderen Stadt oder Gemeinde wohnen, fragen Sie mit Verweis auf Wien bei Ihrer Gemeinde- oder Stadtverwaltung nach, ob es eine ähnliche Regelung gibt.

GIS an- und abmelden

Gemäß dem österreichischen Rundfunkgebührengesetz muss jeder Nutzer von Fernsehempfangseinrichtungen und Radio monatlich Gebühren bezahlen. Diese werden zwar von der GIS als Tochterunternehmen des ORF eingehoben, beinhalten jedoch auch Abgaben, die dem Bund, dem Bundesland bzw. der Kunstförderung zugutekommen.

Jeder Nutzer ist verpflichtet, bei einem neuen Wohnsitz (Haupt- und Nebenwohnsitze) die genutzten Geräte anzumelden und entsprechende Gebühren abzuführen. Diese Pflicht endet erst mit der Abmeldung, die bei Wegzug oder Abschaffung der entsprechenden Geräte möglich ist.

Die Formulare hierzu erhalten Sie bei:

- Raiffeisenbanken
- Gemeindeämtern
- Magistratischen Bezirksämtern, der Wiener Stadtinformation (Rathaus, 1010, Friedrich-Schmidt-Platz 1) sowie dem Stadtservice Wien (1010, Ebendorferstraße 2/2)
- Servicestellen der Stadt Graz
- direkt bei der GIS (1040 Wien, Faulmanngasse 4)
- sowie online unter https://www.gis.at/formulare-2. Sowohl der Befreiungsantrag als auch das Abmeldeformular stehen nur als Download-Formulare (PDF) zur Verfügung.

Tipp

Sie können sich bei sozialer Bedürftigkeit auch von den GIS-Gebühren befreien lassen. Dies geschieht auf Antrag und gilt für maximal fünf Jahre. Eine Verlängerung ist jeweils möglich. Ob bei Ihnen die Voraussetzungen für eine Befreiung vorliegen, können Sie online vorab prüfen mit dem GIS-Befreiungsrechner (https://www.gis.at/befreiungsrechner).

Wohnbeihilfe beantragen

Die Wohnbeihilfe ist eine finanzielle Förderung der jeweiligen Bundesländer, um Personen mit geringem Einkommen bei den Wohnkosten zu unterstützen. Je nach Bundesland können sich Unterschiede ergeben, wir besprechen die Wohnbeihilfe am Beispiel des Landes Wien. Die Internetseiten zur Wohnbeihilfe der Bundesländer finden Sie unter Adressen/Links (► Seite 138). In Wien ist eine Wohnbeihilfe an folgende Voraussetzungen gebunden:

Es gibt strenge Bedingungen für die Wohnbeihilfe

- **Voraussetzungen in der Person**
  - Sie sind Bürger eines EU-Staates oder österreichischen Bürgern z.B. durch eine Asylberechtigung gleichgestellt.
  - Sie sind Bürger eines Drittstaates und können nachweisen, dass Sie mindestens 5 Jahre legal in Österreich leben.
  - Sie sind Bürger eines Drittstaates und wohnen in einer Wohnung, die mit einer Förderung von der Stadt Wien saniert wurde.
- **Voraussetzungen in der Wohnung**
  - Sie wohnen bereits in der Wohnung.
  - Sie haben einen Mietvertrag, Nutzungsvertrag oder Kaufvertrag für die Wohnung.
  - Sie sind in der Wohnung mit Hauptwohnsitz gemeldet, für die Sie Wohnbeihilfe bekommen wollen.
  - Sie selbst bezahlen Miete, Nutzungsentgelt oder Kreditraten.
- **Voraussetzungen im Einkommen**
  - Sie haben aktuell ein Einkommen, das mindestens so hoch ist wie das Mindesteinkommen; oder
  - Sie haben aktuell kein Einkommen, aber Sie hatten in den vergangenen 10 Jahren ein Einkommen, das mindestens so hoch wie das Mindesteinkommen war.

Die Antragstellung erfolgt zumeist online (siehe Adressen/Links, ► Seite 138) oder über die Gemeindeämter.

Tipp

Von den meisten Bundesländern gibt es im Internet einen Wohngeldrechner, mit dem Sie einfach prüfen können, ob Sie Anspruch auf eine Unterstützung haben:

- https://stp.wien.gv.at/online-assistent/frontend/de/196/Wohnbeihilfe-Checker

Die Wohnbeihilfe wird monatlich gezahlt. Wird der Antrag bis zum 15. Tag des Monats gestellt, erfolgt die Förderung für den gesamten Monat.

Wohnräume gewerblich nutzen?

Sie haben eine Wohnung im Eigentum oder zur Miete und wollen diese jetzt (auch) gewerblich nutzen? Es stellt sich damit direkt die Frage, ob Sie dies auch dürfen. Im Fall einer Mietwohnung ist hierbei der Mietvertrag, im Fall des Wohnungseigentums die Vereinbarung der Eigentümer heranzuziehen. Diese finden Sie auch als Benützungsregelung gem. § 17 WEG 2002 im Grundbuch. Diese regelt unter anderem, wofür eine Wohnung gewidmet ist, also genutzt werden darf. Eine Änderung ist zwar möglich, benötigt jedoch die Zustimmung der anderen Eigentümer. Die rechtlichen Möglichkeiten zur Widmung von Wohnungseigentum sind:

Es gibt wenige Arten der Widmung von Wohneigentum

- zum Wohnen
- zum Wohnen und für Geschäftstätigkeiten, die gewöhnlich in einer Wohnung ausgeübt werden (gemischte Nutzung)
- nur zu allgemeinen Geschäftszwecken, ggfs. mit Ausnahmen
- zu bestimmten Geschäftszwecken
- als Garage oder als KFZ-Abstellplatz

Durch die gewerbliche Nutzung darf keine wesentliche Beeinträchtigung der anderen Wohnungseigentümer bzw. Mieter erfolgen. Hierunter versteht man, dass es zu keinem erhöhten Lärmpegel, erhöhter Kundenfrequenz, Änderungen bei den Sperrstunden kommt und der Betrieb keine Be- und Entlüftungsanlage einbaut. Auch darf die gewerbliche Nutzung keine Gefahr für die Sicherheit von Personen des Hauses oder von anderen Sachen zur Folge haben. Sind die schutzwürdigen Interessen des Vermieters oder anderer Mieter beeinträchtigt, kann rechtlich gegen eine vertragswidrige Benutzung vorgegangen werden. Ist dies nicht der Fall, kann eine fehlende Zustimmung möglicherweise durch eine Gerichtsentscheidung erwirkt werden. Bei dieser Entscheidung wird berücksichtigt, ob durch das Unternehmen etwa vermehrt hausfremde Personen das Gebäude betreten und welche Konsequenzen sich daraus ergeben.

Sofern eine Mietwohnung zu Geschäftszwecken genutzt wird, lautet die entscheidende Frage: Was wurde im Mietvertrag vereinbart? Denn das Mietobjekt darf nur so genützt werden, wie es im Mietvertrag vereinbart ist. Hierbei ist aber auch auf das Ausmaß der Nutzung abzustellen. Sofern eine Mietwohnung größtenteils zu privaten Wohnzwecken und nur zu einem

Tipp

Jeder Gewerbetreibende ist verpflichtet, seine Betriebsstätte – den Ort der Gewerbeausübung – von außen gut sichtbar zu kennzeichnen. Dies gilt selbst dann, wenn die Wohnung des Gewerbetreibenden auch gleichzeitig sein Gewerbestandort ist. Auch hier muss vor der Wohnung oder beim Hauseingang eine Firmentafel angebracht werden, wobei ein gut lesbarer Vermerk am Klingelschild oder der Eingangstür ausreichend ist. Das „Vergessen" der äußeren Geschäftsbezeichnung wird mit Verwaltungsstrafen von bis zu 1.090 Euro belegt. Es lohnt also, diesem scheinbar unwichtigen Punkt etwas Aufmerksamkeit zu widmen.

unbedeutend kleinen Anteil der Nutzfläche geschäftlich genutzt wird, wird der Vermieter mit einer Unterlassungsklage nicht durchkommen.

Haus gegen Einbrecher schützen

Oftmals besteht das Vorurteil, dass Einbrüche insbesondere nachts und in der Urlaubszeit passieren. Dies ist jedoch nicht der Fall, bereits in der Dämmerung kommt es zu vielen Einbrüchen. Wir haben einige Tipps zusammengestellt, die Sie vor Einbrüchen schützen sollen.

- Viel Licht im Innen- und Außenbereich schreckt potenzielle Einbrecher ab. Im Innenbereich könnten Sie ein Licht, das auch von außen gesehen werden kann, brennen lassen. Bei längerer Abwesenheit können Sie auch mit einer Zeitschaltuhr arbeiten, damit die Lampe tagsüber keinen Strom verbraucht. Im Außenbereich sollte sofern möglich ein Licht mit Bewegungsmelder installiert werden. Insbesondere Kellerabgänge und Nischen sollten gut ausgeleuchtet werden.
- Außensteckdosen sollten weggeschaltet werden, auch Täter könnten diese für Bohrmaschinen etc. nutzen
- Lüften Sie nur dann, wenn jemand zu Hause ist. Ein gekipptes Fenster ist für einen Täter wie ein offenes Fenster und ganz leicht zu überwinden (trotz versperrter Fenstergriffe). Ein nur gekipptes Fenster führt dazu, dass nur noch ein Diebstahl statt eines Einbruchs vorliegt. Mit dem Ergebnis, dass die Versicherung möglicherweise nicht mehr zahlt.
- Verriegeln Sie immer sämtliche Fenster und Türen, selbst bei nur kurzer Abwesenheit.
- Bei Gegensprechanlagen: Öffnen Sie nicht sofort jedem die Hauseingangstüre, sondern informieren Sie sich zuerst über die Person und den Grund des Besuches

Diebstahl statt Einbruch, für Versicherer oft ein Unterschied

Die Sicherheit vor gewaltsamen Einbrüchen können Sie auch durch einfache Maßnahmen zusätzlich verbessern.

Sicherheitsfolien für Fenster und Glastüren. Sicherheitsfolien werden von innen auf die Fensterscheibe geklebt und führen dazu, dass die Scheibe bei einem Schlag nicht in kleinste Stücke zersplittert. Der Einbrecher benötigt mehr und heftigere Schläge, d.h. sein Risiko, entdeckt zu werden, steigt.

Sicherheitsriegel. Die Fenster und z.B. Terrassentüren können einfach durch die Montage von EM3-Riegeln gegen das Aufhebeln auf der Scharnier- bzw. Öffnungsseite geschützt werden.

Schiebetüren. Schiebetüren sichern Sie effektiv, indem Sie einen einfachen Balken in den Schiebebereich legen. Auch nach Überwindung des Schlosses kann die Tür nicht aufgeschoben werden.

Kellerfenster. Kellerfenster sollten durch Gitter abgesichert werden.

Kellerlichtschächte. Kellerlichtschächte sollten mit Rollenrostsicherungen gesichert werden. Zumindest sollten möglichst an allen vier Ecken Abhebesicherungen angebracht werden.

Haustüren. Es sollten einbruchshemmende Türen verwendet werden. Hierbei werden die Voraussetzungen der ÖNORM B 5338 bzw. EN 1627 und der Widerstandsklasse 3 oder 4 eingehalten.

Tipp

Fragen Sie bei Ihrer Gemeinde- bzw. Stadtverwaltung nach, ob der nachträgliche Einbau von einbruchshemmenden Türen oder Fenstern gefördert wird. Dies ist oft nicht nur für Eigentümer, sondern auch für Mieter möglich.

Für die Urlaubszeit sollten Sie mit Ihren Nachbarn sprechen, damit der Briefkasten nicht überquillt und keine vertrockneten Blumen Ihre Abwesenheit verraten. Unter Zuhilfenahme einer Zeitschaltuhr können Sie nicht nur die Lichtsteuerung übernehmen, sondern auch mit einem Radio den Eindruck Ihrer Anwesenheit verstärken.

Schlüsseldienst rufen

Es ist sicher schon fast jedem passiert: Eine Unachtsamkeit beim Verlassen der Wohnung und man steht ohne Schlüssel vor der zugefallenen Tür. Und die Nachbarn mit dem Ersatzschlüssel sind dann „natürlich" auch gerade verreist. Sie benötigen einen Schlüssel- oder Aufsperrdienst. Aber ausnutzen in Ihrer Notlage wollen Sie sich natürlich auch nicht lassen. Was ist zu tun?

Mit Ihrem Smartphone oder über den Internetanschluss z.B. des Nachbarn suchen Sie nach Aufsperrdiensten. Aber nehmen Sie sich hierfür etwas Zeit: Der Listenplatz bei der Internetsuche z.B. über Google kann gekauft sein, um als teurer Anbieter an erster Stelle zu stehen. Oder der Listenplatz wird durch einen mit AAA beginnenden Namen herbeigeführt.

Tipp

Möglicherweise haben Sie eine Tür mit Sicherheitsschloss. Und der Verkäufer hat auch einen Aufsperrdienst? Dann speichern Sie dessen Telefonnummer auf Ihrem Handy ein oder bringen einen Aufkleber mit dessen Daten an der Tür an. Mit Ihrem Namen und Ihrer Adresse kann der Schlüsseldienst dann möglicherweise den Schlüssel nachmachen und Ihnen die Tür so einfach öffnen.

Bei einer Nötigung sollten Sie die Polizei rufen

Klären Sie immer bereits am Telefon den Preis für die Dienstleistung: Preis XY, möglicher Zuschlag für Anfahrt und Tageszeit (Nachtzuschlag), Zahlung nur im Erfolgsfall. Ist Ihnen der Preis zu teuer oder weigert sich der Dienst, einen Preis zu nennen, dann sollten Sie einen anderen Dienstleister wählen. Klären Sie auch, in welcher Zeit der Helfer bei Ihnen sein kann: Oftmals werden in Anzeigen falsche Vorwahlnummern angegeben, um eine Ortsnähe zu suggerieren. Oder auch nur eine Handynummer, die nichts über eine möglicherweise lange Anfahrt verrät.

Bestehen Sie auf einer detaillierten Rechnung, in welcher die einzelnen Positionen aufgeführt sind. Lassen Sie sich nicht unter Druck setzen. Dies kann Nötigung sein. Rufen Sie dann die Polizei an und lassen die Angelegenheit amtlich klären.

Grundbuch einsehen

Im Grundbuch sind alle wesentlichen Informationen zu einer Liegenschaft vermerkt: die Größe, die Eigentümer, die Belastung mit Krediten sowie Rechten Dritter, Widmung etc. Hierbei teilt sich das Grundbuch auf in ein Hauptbuch, ein Verzeichnis der gelöschten Eintragungen, Hilfsverzeichnisse und eine Urkundensammlung. Das Grundbuch einer Liegenschaft kann komplett eingesehen werden, jedoch ist auch die Beauskunftung für einzelne Teile wie Wohnungen möglich. Vor dem Kauf einer Liegenschaft ist die Einsicht ins Grundbuch Pflicht. Sofern Belastungen der Liegenschaft wie ein Durchgangsrecht des Nachbarn oder der Anschluss an einen Fernwärmelieferanten vermerkt sind, muss der Käufer diese als bekannt akzeptieren und kann sich nicht auf Nichtwissen berufen.

Grundbucheintragungen erfolgen auf der Basis von Urkunden. Diese Schriftstücke in Papierform können ebenso wie das Hauptbuch eingesehen werden. Ab dem Jahr 2006 erfolgte eine Umstellung der Urkundensammlung auf ein elektronisches Urkundenarchiv, wobei der Umstellungszeitpunkt von den Bezirksämtern abhängig war.

Die Einsicht in das Grundbuch und seine Bestandteile ist für jedermann möglich. Sie benötigen hierfür die genaue Adresse oder die Nummer der Katastralgemeinde sowie die Einlagenzahl der Liegenschaft. Die Einsicht kann auf drei unterschiedliche Arten erfolgen:

Einsicht bei Gericht. Die Einsicht ins Grundbuch ist bei den Bezirksgerichten, nicht jedoch beim Bezirksgericht für Handelssachen in Wien möglich. Der Antrag auf Einsicht kann persönlich oder auch schriftlich gestellt werden, hierfür und für Kopien ist eine Gebühr zu entrichten.

Einsicht über einen Notar. Eine Einsicht ist ebenso über einen Notar möglich, der die entsprechenden Urkunden für Sie einsieht und abfragt. Auch hier müssen Sie neben dem Entgelt für den Notar die Gerichtsgebühren bezahlen, die von den angeforderten Unterlagen abhängen.

Einsicht über das Internet. Seit einigen Jahren ist auch die Abfrage über das Internet möglich. Hierfür hat das Bundesministerium für Justiz zehn Unternehmen autorisiert, über die Notare und auch Privatpersonen elektronische Dokumente des Grundbuchs abfragen und als PDF-Dateien speichern können. Bei diesen Unternehmen (hiervon neun für Privatpersonen, eines für Notare) muss man sich zuerst registrieren und kann dann die Suchanfrage stellen. Als Ergebnis der Suche werden Ihnen die vorhandenen Dokumente zum Kauf vorgeschlagen und Sie haben die Wahl, was Sie erwerben möchten. Der Preis beinhaltet neben den Gerichtsgebühren auch eine Aufwandsentschädigung für das tätige Unternehmen.

Unternehmen mit Autorisierung zur Grundbuchbeauskunftung

- ADVOKAT Unternehmensberatung Greiter & Greiter GmbH
- Auszug.at – Wiener Zeitung Digitale Publikationen GmbH
- BREX Business Register Exchange GmbH / 360 kompany AG
- EDV-Technik Dipl.-Ing. Went Gesellschaft m.b.H.
- HF Data Datenverarbeitungsgesellschaft m.b.H.
- lexunited – online informationsystem GmbH
- MANZ'sche Verlags- und Universitätsbuchhandlung GmbH
- ÖGIZIN GmbH
- UVST Datendienste GmbH
- Vendaro m-commerce Dienstleistungen GmbH

Tipp

Bei einer Einsicht in die Urkundensammlung werden Ihnen je nach Anbieter auch die letzten Kaufverträge angeboten, sofern diese bereits elektronisch vorliegen. Sie können darin ersehen, welche Preise für andere Wohnungen Ihrer Liegenschaft in letzter Zeit erzielt wurden. Eine wertvolle Hilfe, falls Sie selbst einmal an einen Verkauf denken sollten.

Die Kaufverträge der anderen Wohnungen zeigen Ihnen den Wert der eigenen Wohnung auf

Hausverwaltung wechseln

Sie besitzen eine Eigentumswohnung, die gemeinsam mit den anderen Wohnungen des Hauses von einer Hausverwaltung betreut wird. Oftmals kommt es hierbei vor, dass die Eigentümer der einzelnen Wohnungen mit der Hausverwaltung unzufrieden sind. Gründe können zu hohe Kosten ebenso sein wie langsame Reaktionszeiten bei Schäden oder Unzufriedenheit mit den Leistungen, z.B. bei der Hausreinigung oder den Gartenarbeiten. Wie aber kann eine Hausverwaltung gewechselt werden?

Generell erfolgt die Hausbetreuung auf Grundlage eines Vertrages zwischen der Hausverwaltung und der Eigentümergemeinschaft, also den Eigentümern der Liegenschaft. Ein Wechsel der Hausverwaltung ist also durch eine Kündigung des Verwaltervertrages möglich. In einem ersten Schritt ist zu klären, welche Kündigungsfristen der Vertrag vorsieht. Handelt es sich um einen befristeten Vertrag, so endet dieser mit Erreichen des genannten Termins. Eine vorherige Kündigung ist nur aus besonderem Grund wie einem Verstoß gegen die Pflichten aus Vertrag oder Gesetz möglich. Bei einem längeren als dreijährigen Vertrag ist eine Kündigung jedoch auch ohne Angabe von Gründen zulässig. Zumeist wird es sich jedoch um einen unbefristeten Vertrag handeln, der sich jährlich um ein weiteres Jahr verlängert. Sofern keine Kündigungsfrist, d.h. der Zeitpunkt, zu dem eine Kündigung spätestens vorliegen muss, genannt ist, sieht das Wohnungseigentumsgesetz (WEG) eine Frist von drei Monaten zum Ende der Abrechnungsperiode vor. In diesem Fall muss die Kündigung bis zum 30. September vorliegen, damit die Kündigung zum 31. Dezember wirksam wird.

Das Wohnungseigentumsgesetz sieht jetzt einfachere Abstimmungen vor

Der Vertrag wurde von der Eigentümergemeinschaft geschlossen und kann damit auch nur von ihr gekündigt werden. Aber eine Zustimmung aller Eigentümer ist nicht erforderlich. Hier besagt § 24 Abs. 4 des Wohnungseigentumsgesetzes (WEG): „Für die Mehrheit der Stimmen der Wohnungseigentümer ist entweder die Mehrheit aller Miteigentumsanteile oder die Mehrheit von zwei Dritteln der abgegebenen Stimmen, ebenfalls berechnet nach dem Verhältnis der Miteigentumsanteile, erforderlich. Im zweitgenannten Fall muss die Mehrheit überdies zumindest ein Drittel aller Miteigentumsanteile erreichen." Sofern der Verwalter zugleich Eigentümer ist, steht ihm bei dieser Abstimmung für seine Anteile kein Stimmrecht zu.

Da der Vertrag nicht von nur einem Eigentümer gekündigt werden kann, sollte im Vorfeld geklärt werden, ob weitere Eigentümer ebenfalls unzufrieden sind und einen Wechsel anstreben.

Mit der beabsichtigten Kündigung des bisherigen Verwalters wird ein neuer Verwalter benötigt. Hierzu sollte eine Ausschreibung unter mehreren Hausverwaltungen erfolgen. Hat einer der Eigentümer positive Erfahrungen mit einer anderen Hausverwaltung in einem anderen Haus, so könnte sie ein möglicher Kandidat sein. Bei der Einholung von Angeboten ist zu beachten, dass es keine standardisierten Verträge und Angebote gibt. Auf Grundlage des bisherigen Verwaltervertrages sollte sich jedoch gut ein Pflichtenheft mit den notwendigen Leistungen und auch dem Verwalterentgelt erstellen lassen.

Die Abstimmung über die Kündigung der bisherigen Hausverwaltung und die Wahl der neuen Hausverwaltung kann in einer Eigentümerversammlung, aber auch schriftlich erfolgen. Es sind jedoch Formalien wie Fristen und Aushänge zu beachten. Hier ist es der einfachste Weg, die gewünschte zukünftige Hausverwaltung um Tipps und Mithilfe zu bitten. Aus dem Kreis der Eigentümer sollte zusätzlich eine Person oder eine kleine Gruppe gewählt werden, die die Vorbereitung und Durchführung der Eigentümerversammlung bzw. der Abstimmung organisiert.

Nebenkostenabrechnung prüfen

Einmal jährlich erhalten Sie eine Nebenkostenabrechnung. Es ist nicht unüblich, dass ihr Betrag jedes Jahr höher wird. Aber ist sie auch korrekt? In der Praxis kommt es immer wieder zu Fehlern, die laut Arbeiterkammer bis zu 600 Euro je Wohnung ausmachen. Eine Prüfung lohnt daher.

Für die Beurteilung der Nebenkostenabrechnung ist zuerst einmalig zu klären, welches Recht anzuwenden ist. Bei freifinanzierten Wohnungen nach 1945 gilt das Allgemeine bürgerliche Gesetzbuch (ABGB). Für die Nebenkostenabrechnung gilt dann der Mietvertrag. Ist dort nichts zu den Nebenkosten geregelt, gilt § 1099 ABGB: „Bey Vermiethungen trägt alle Lasten und Abgaben der Vermiether." Man spricht hier auch von Pauschalvermietungen. Handelt es sich bei Ihnen als Mieter um einen Konsumenten, so gilt das Konsumentenschutzgesetz. Die Klausel zu den Nebenkosten muss dann verständlich, bestimmt und transparent sein. Ist dies nicht gegeben, so ist die Klausel unwirksam und die Nebenkosten werden vom Vermieter getragen.

Tipp

Im Zweifelsfall sollten Sie Ihren Mietvertrag überprüfen lassen. Dies ist möglich beim Verein für Konsumenteninformation (VKI), der Arbeiterkammer (AK) sowie bei der Mietervereinigung. Die Adressen finden Sie im Serviceteil (► Seite 136).

Ansonsten gelten die Regelungen des Mietrechtsgesetzes (MRG), des Wohnungsgemeinnützigkeitsgesetzes (WGG), sowie das Heizkostenabrechnungsgesetz (HeizKG). Nur die hier genannten Kosten dürfen an die Mieter verrechnet werden. Dies sind laut Mietervereinigung:

- Wasser/Abwasser
- Wasserdichtheitsprüfung
- Eich-, Ablese- und Abrechnungskosten bei einer Verbrauchsabrechnung für Kaltwasser, sofern es eine Vereinbarung dazu gibt
- Kanalräumung
- Müll
- Entrümpelung von herrenlosem Gut
- Schädlingsbekämpfung
- Kehrgebühren (Rauchfangkehrung)
- Strom für die Beleuchtung des Stiegenhauses und von Gemeinschaftsflächen
- Versicherungsprämien für Feuer, Haftpflicht und Leitungswasserschaden
- Versicherungsprämien für Glasbruch und Sturmschaden, sofern mehr als die Hälfte der Mieter dieser Überwälzung zugestimmt hat
- Verwaltungshonorar
- Hausreinigung (darunter fallen bei alten Dienstverträgen mit „echten" HausbesorgerInnen auch die Abfertigung bzw. bei Dienstnehmern die Kommunalsteuer) inkl. Schneeräumung
- öffentliche Abgaben
- laufende Betriebskosten von Gemeinschaftsanlagen (Lift, Heizung, Spielplatz, Schwimmbad, Sauna, Waschküche, Grünanlagen, Gemeinschaftsräume etc.) wie z.B. Strom, Service, Wartung, Energiekosten, Rasenmähen

Viele, jedoch nicht alle Nebenkosten können dem Mieter in Rechnung gestellt werden

Wenn Sie den Eindruck haben, dass die Nebenkosten zu hoch sind, können Sie innerhalb von sechs Monaten die Belege hierzu anfordern. Einspruch gegen die Abrechnung können Sie inner-

Tipp

Mit dem Wiener Mietkostenrechner (https://www.wien.gv.at/wohnen/wohnbautechnik/pruefen/betriebskostenrechner.html) können Sie prüfen, ob Ihre Nebenkosten eher hoch oder eher niedrig sind. Nicht damit verbunden ist jedoch die Aussage, ob die Abrechnung auch inhaltlich korrekt ist. Mögliche Gründe für hohe oder niedrige Werte für einzelne Positionen der Nebenkostenabrechnung finden Sie unter https://www.wien.gv.at/wohnen/wohnbautechnik/pruefen/gruende-fuer-hohe-betriebskosten.html

halb von drei Jahren einlegen, bei Genossenschaftswohnungen jedoch nur innerhalb von sechs Monaten. Typische Fehler bei einer Nebenkostenabrechnung sind:

Erstaunlich, dass immer wieder die gleichen Fehler gemacht werden

- irrtümliche Zuordnung von Reparaturkosten (z.B. für den Lift) zu den Betriebskosten
- unterschiedliche Verteilerschlüssel im Jahresvergleich, z.B. Aufteilung nach Personen bei Leerstand einer Wohnung (die Kosten der leerstehenden Wohnung müssen vom Vermieter getragen werden)
- falsche Übertragung von Kosten, die mit einem Zähler ermittelt werden, z.B. der Wasser- oder Stromkosten
- Angabe von Kosten, die mittels Mietvertrag ausgeschlossen sind, z.B. Betriebskosten des Aufzugs, sofern die Erdgeschosswohnungen hiervon befreit sind
- Wechsel der Abrechnungsart bei einzelnen Kosten, sofern eine Wahlmöglichkeit besteht, z.B. Abrechnung der Wasser- und Abwasserkosten einmal nach Quadratmetern und einmal nach Personen (diese Regelung muss im Mietvertrag stehen; ist dies nicht der Fall, gilt die Abrechnung nach Quadratmetern)
- nicht für alle Kosten liegen Belege vor; diese sind aber vorgeschrieben (Kosten ohne Belege können nicht weiterverrechnet werden)

Tipp

Sie müssen die Betriebskostenabrechnung bis zum 30. Juni des Jahres für das Vorjahr erhalten. Haben Sie die Abrechnung auch am Jahresende noch nicht bekommen, dann kann der Vermieter die Kosten nicht mehr geltend machen.

Die Meldepflicht erfüllen

Generell muss sich jede Person in Österreich innerhalb von drei Tagen nach einem Umzug beim Meldeservice des neuen Wohnsitzes anmelden. Dieser wird dann ihr Hauptwohnsitz, mit der Anmeldung erfolgt zugleich die Abmeldung des bisherigen Hauptwohnsitzes. Soll dieser jedoch als Nebenwohnsitz weiter beibehalten werden, dann ist hierfür eine Anmeldung des Nebenwohnsitzes (Zweitwohnsitzes) erforderlich. Die Meldepflicht besteht unabhängig von der Staatsbürgerschaft für fast alle in Österreich lebenden Personen. Ausnahmen hiervon sind:

- Wenn sich Ihr Unterkunftgeber oder die Hausverwaltung ändert, müssen Sie sich nicht neu anmelden.
- Wenn Sie ein neues Reisedokument bekommen, müssen Sie sich nicht neu anmelden.
- Sie sind Mitarbeiter einer internationalen Organisation (z.B. United Nations) und besitzen einen entsprechenden Lichtbildausweis dieser Organisation.
- Sie wohnen weniger als zwei Monate bei Verwandten oder Freunden und sind bereits in Österreich gemeldet.

Tipp

Die 3-Tages-Frist beginnt mit dem Einzug in die neue Wohnung, nicht mit der Unterzeichnung des Miet- oder Kaufvertrags. Eine frühere Anmeldung ist nicht zulässig. Nach der Geburt muss auch ein neues Kind beim Hauptwohnsitz angemeldet werden. Dies kann auch beim Standesamt des Geburtsortes geschehen.

- Sie sind ausländischer Diplomat.
- Sie sind vorübergehend im Krankenhaus oder im Pflegeheim und sind bereits in Österreich gemeldet.

Zuständige Behörde ist die Meldestelle im Bezirk des Hauptwohnsitzes. In Wien kann man sich jedoch auch in jedem anderen Bezirk anmelden. Die erforderlichen Unterlagen müssen Sie im Original oder in einer beglaubigten Abschrift (siehe „Wichtige Dokumente beglaubigen lassen", ► Seite 16) mitbringen. Die Anmeldung kann persönlich, durch einen Bevollmächtigten oder auch durch Zusendung der Unterlagen geschehen. Das Risiko des Verlustes trägt hierbei jedoch der Meldepflichtige.

Für die Anmeldung benötigen Sie für jede einziehende Person einen eigenen Meldezettel. Wichtig ist, dass dieser neben Ihrer Unterschrift auch die Unterschrift des Unterkunftgebers tragen muss. Hierbei unterscheidet der Gesetzgeber folgende Fälle, die für das korrekte Ausfüllen des Meldezettels erforderlich sind:

Gesetzlich ist geregelt, wer als Unterkunftgeber unterschreiben muss

- Sie besitzen die Wohnung oder das Haus und ziehen selbst ein: Unterschreiben Sie den Meldezettel als meldepflichtige Person und als Unterkunftgeber.
- Sie sind Hauptmieter der Wohnung oder des Hauses und ziehen selbst ein: Der Eigentümer der Wohnung (oder des Hauses) oder die Hausverwaltung unterschreibt als Unterkunftgeber.
- Sie sind Hauptmieter einer Wohnung oder eines Hauses und weitere Personen ziehen in Ihre Wohnung: Sie unterschreiben die Meldezettel der Mitbewohner als Unterkunftgeber.

Tipp

Da der Meldezettel zumeist auch von einer weiteren Person als Unterkunftgeber unterschrieben werden muss, sollten Sie sich das Formular vorab besorgen. Sie erhalten es über das Internet (Eingabe von „Meldezettel" und „Österreich" in einem Suchdienst) oder beim zuständigen Meldeservice.

Folgende zusätzliche Unterlagen werden benötigt:

- Reisepass und/oder Geburtsurkunde mit den Angaben zu Familienname, Vorname, Familienname vor der ersten Ehe, Geburtsdatum, Geburtsort, Geschlecht, Staatsbürgerschaft
- Ausländische Staatsbürger müssen immer ein Reisedokument oder die aktuelle Karte aus dem Asylverfahren mitbringen.
- eventuell Miet- oder Kaufvertrag zum Nachweis der Stellung als Unterkunftgeber
- Sofern Sie einen akademischen Grad oder die Bezeichnung Meister eintragen lassen wollen, zusätzlich die Verleihungsurkunde oder die Urkunde zur erfolgreichen Ablegung der Meisterprüfung

Kinder und Jugendliche unter 18 Jahren müssen von der Person angemeldet werden, die für die Obsorge und Erziehung verantwortlich ist.

Auto und Mobilität

Ein Auto oder Mobilität in Form von öffentlichen Verkehrsmitteln benötigen wir für den Weg zur Arbeit oder auch in der Freizeit. Machen Sie mit uns einen Streifzug durch nur scheinbar alltägliche Themen, die uns auch bei viel Erfahrung immer wieder begegnen und vor Fragen stellen.

Führerscheinentzug und Vormerksystem verstehen

Das österreichische Führerscheinsystem kennt je nach Art und Schwere der Verfehlungen drei Arten von Sanktionen.

Anonymverfügung

Bei einer Anonymverfügung wird die Tat (z.B. geringfügige Geschwindigkeitsübertretung) durch die Bezahlung der Strafe gesühnt, d.h. nicht mehr weiter behördlich verfolgt.

Vormerksystem

Das Vormerksystem kennt 14 risikobehaftete Vormerkdelikte. Diese werden, sofern sie vom Lenker bzw. Fahrzeuginhaber nicht erfolgreich beeinsprucht werden, im Führerscheinregister eingetragen und dort für zwei Jahre vorgehalten. Kommt es innerhalb dieser Frist zu weiteren Vormerkdelikten, dann gilt die folgende Eskalationsspirale. Mit dem zweiten Vormerkdelikt gilt:

Ab dem zweiten Delikt wird es gefährlich für den Führerschein

- Die Eintragungsfrist beträgt für das erste und zweite/weitere Vormerkdelikt drei Jahre.
- Es wird eine sogenannte Maßnahme wie eine Nachschulung, Fahrsicherheitstraining, Perfektionsfahrten, Vorträge zur Ladungssicherheit, Kindersicherheitskurse vereinbart.

Ab dem dritten Vormerkdelikt wird der Führerschein für zumindest drei Monate entzogen.

Führerscheinentzug

Neben den Vormerkdelikten, die bei mehrfachem Auftreten auch zum zeitweisen Entzug des Führerscheins führen können, kennt das österreichische Führerscheingesetz auch Führerscheinentzugs-Delikte. Je nach Art und Schwere der Tat kommt es unmittelbar zu einem längeren Entzug des Führerscheins sowie zu Maßnahmen und höheren Geldstrafen. Achtung: Der Beobachtungszeitraum für Wiederholungsfälle beträgt zum Teil vier Jahre.

Nummernschild gestohlen oder verloren

Nach dem Verlust oder Diebstahl einer oder beider Kennzeichentafeln müssen Sie unverzüglich, d.h. innerhalb von einer Woche, reagieren:

- Information der Polizei, indem Sie eine Verlustanzeige oder eine Diebstahlsanzeige erstatten. Dies muss auch dann erfolgen, wenn der Verlust im Ausland geschah.

Die Diebstahlsanzeige kann auch online erfolgen (siehe „Online-Diebstahlsanzeige bei der Polizei erstatten", ► Seite 13).
- Beantragung von neuen Kennzeichentafeln bei der für den Bezirk zuständigen Zulassungsstelle. Bis zur Ausgabe neuer Kennzeichentafeln kann das Fahrzeug mit selbstgebastelten Kennzeichentafeln weiter verwendet werden. Dieser Kennzeichenersatz ist in Verbindung mit der Verlust- oder Diebstahlsanzeige eine Woche gültig.

Die Zulassungsstelle wird Ihnen nach der Beantragung ein neues Kennzeichen zuweisen. Das bisherige Kennzeichen darf erst ein Jahr nach der Verlustmeldung bzw. erst nach Abschluss der polizeilichen Fahndungsmaßnahmen erneut vergeben werden. Für die Zulassungsstelle benötigen Sie folgende Unterlagen:

Die erforderlichen Unterlagen sind umfangreich

- amtlicher Lichtbildausweis
- Diebstahls- bzw. Verlustanzeige
- aktuelles Prüfgutachten für Fahrzeuge, die der wiederkehrenden Begutachtung unterliegen, sofern bereits eine wiederkehrende Begutachtung fällig geworden ist und das Gutachten noch nicht in der Begutachtungsplakettendatenbank gespeichert ist
- die zweite Kennzeichentafel, sofern nur eine verloren bzw. gestohlen wurde
- Zulassungsbescheinigung
- im Falle einer Vertretung die Vertretungsvollmacht

Die Kosten halten sich im überschaubaren Rahmen:

- Begutachtungsplakette 1,90 Euro
- neue Kennzeichentafeln
  - Pkw und Lkw 23 Euro
  - Motorrad 13 Euro
  - Motorfahrrad 8,50 Euro
  - Anhänger 11,50 Euro
  - Zugmaschine 11,50 Euro

Auto an- und ab- oder ummelden

Kann es bei einem KFZ-Besitzer aufgrund eines Umzugs oder einer Heirat zu einer Mitteilungspflicht kommen? Nun, das kommt darauf an.

- **Namensänderung.** Eine bloße Änderung des Namens muss nicht mitgeteilt werden, die bestehende Zulassungsbescheinigung bleibt gültig.
- **Änderung Hauptwohnsitz im Gebiet der gleichen Behördenbezeichnung.** Im Kennzeichen bildet der erste oder bilden die ersten Buchstaben die Kennzeichnung der zuständigen Behörde für die Zulassung (z.B. „S" für Salzburg). Kommt es bei einer Änderung des Hauptwohnsitzes nicht zu einer Änderung der Behördenbezeichnung, muss die Änderung nicht mitgeteilt werden.
- **Behördenabkürzung ändert sich, Behörde bleibt gleich.** Ändert sich durch einen Umzug z.B. von Wiener Neustadt nach St. Pölten die Behördenabkürzung (hier: von „WN" nach „P"), bleibt jedoch die Zulassungsbehörde gleich (hier: Polizeidirektion Niederösterreich), so muss dies gemeldet werden.

Tipp

Informationen über die Zuordnung von zuständiger Behörde zu Zulassungsbezirk finden Sie unter https://www.oesterreich.gv.at/themen/freizeit_und_strassenverkehr/kfz/5/1.html

- **Behördenabkürzung und Behörde ändern sich.** In diesem Fall muss eine Ab- und eine Neuanmeldung des KFZ durchgeführt werden.

Bei einem Umzug vom Ausland nach Österreich muss das KFZ innerhalb von dreißig Tagen in Österreich angemeldet werden. Allerdings ist diese Frist nur das kleinste der anstehenden Themen. Bei einem Import von einem Drittstaat, d.h. von außerhalb der EU, ist Einfuhrumsatzsteuer und gegebenenfalls auch Zoll zu bezahlen. Unabhängig vom bisherigen Land ist die Verkehrssicherheit des Fahrzeugs nachzuweisen und fällt die Normverbrauchsabgabe (NOVA) an.

Die NOVA ist ein erheblicher Kostenfaktor

Tipp

Informationen zu Einzel- oder Ausnahmegenehmigungen sowie weitere Informationen zum Import von Kraftfahrzeugen finden sich bei den technischen Prüfstellen des Amtes der jeweiligen Landesregierung.

Carsharing nutzen

Beim Carsharing verzichten die Nutzer in der Regel auf die Anschaffung eines eigenen Fahrzeugs und nutzen den PKW nur bei Bedarf. Es teilen sich mehrere Nutzer ein Fahrzeug. Dies kann auf privater oder auch geschäftlicher Basis geschehen. Wir schauen uns im Folgenden die geschäftliche Nutzung an.

Im Gegensatz zur Automiete erfolgt das Carsharing nicht nur auf Tagesbasis, sondern auch für kürzere Zeiteinheiten bzw. für Wegstrecken, d.h., Sie zahlen nur für die gefahrenen Kilometer. Auch müssen Sie das Fahrzeug nicht an festgelegten Stationen abholen, sondern können auch ein parkendes Fahrzeug in der Nachbarschaft nutzen.

Vor der erstmaligen Nutzung ist eine Registrierung des Fahrers erforderlich. Dies kann über das Internet oder über eine App geschehen. Hierbei müssen neben den reinen Personendaten auch die Angaben zum Führerschein gemacht und ein Zahlungsmittel wie eine Kreditkarte angegeben werden. Zum Teil werden Führerscheinneulinge (unter einem Jahr) von der Nutzung ausgeschlossen oder mit höheren Kosten konfrontiert. Die Daten der Identität und der Fahrerlaubnis werden dann überprüft. Dies geschieht zum Teil über das Internet (siehe „Mit Video-Verfahren identifizieren", ► Seite 70), zum Teil bei Akzeptanzstellen des Anbieters. Für die Registrierung kann eine Gebühr anfallen, zum Teil erfolgt jedoch zugleich eine Gutschrift, die auf die Nutzungsgebühren angerechnet werden kann.

Sofern Sie die Nutzung im Vorhinein anmelden, können Sie auch vereinbaren, dass Ihnen der Wagen gebracht wird. Üblicherweise sehen Sie jedoch in der App, wo sich in Ihrer Nähe ein freies Fahrzeug befindet. Dieses können Sie mittels App öffnen und mittels persönlichem PIN starten. Nach der Nutzung können Sie das Fahrzeug einfach stehen lassen, wobei die normalen Parkregeln zu beachten sind. In Wien mit einer durchgehenden Parkraumbewirtschaftungszone stellt sich natürlich die Frage nach den Parkgebühren. Hier besteht jedoch eine Regelung zwischen den Anbietern und der Stadt Wien, dass Carsharing-Fahrzeuge von der Parkgebühr befreit sind. Anwohnerparkplätze dürfen jedoch nicht benutzt werden.

Tipp

Prüfen Sie bei Ihrem Anbieter in Ihrer Stadt, wie dort die Regeln für das Stehenlassen nach der Nutzungsdauer sind.

Vor der Nutzung von Carsharing-Angeboten sollten Sie sich einerseits die Allgemeinen Geschäftsbedingungen des Anbieters durchlesen, um Ihre Rechte und Pflichten zu verstehen. Andererseits sollten Sie vor der Nutzung eines konkreten Fahrzeugs prüfen, ob:

- das Fahrzeuge keine Schäden hat, ansonsten sollten diese von Ihnen vor der Nutzung dokumentiert und gemeldet werden
- das Fahrzeug auch innen sauber ist, ansonsten sollten Sie auch dies vor der Nutzung dokumentieren und melden
- die erforderlichen Fahrzeugpapiere vorhanden sind
- die Tankfüllung ausreichend ist; in der Regel muss der Nutzer den Wagen nicht neu betankt abstellen, sodass der Tank für Ihre Nutzung nicht ausreichend voll sein kann

Noch wenig bekannt: Carsharing gibt es auch in ländlichen Regionen

Carsharing mit dem Nutzen parkender Fahrzeuge und dem Stehenlassen am Ende des Gebrauchs ist ideal für größere Städte geeignet. Allerdings gibt es Carsharing auch auf dem Land in Österreich: Der Verein Carsharing Österreich (www.carsharing-oesterreich.at) ist der Zusammenschluss von 18 Betrieben aus dem überwiegend ländlichen Bereich, die Carsharing zu einem einheitlichen Tarif anbieten.

Parkschaden regulieren

Ein Parkschaden ist definiert als die Beschädigung eines geparkten Fahrzeugs durch ein anderes Fahrzeug. Was muss der Verursacher hierbei beachten?

Der Verursacher muss in jedem Fall anhalten und mit dem Fahrer des geparkten Fahrzeugs die Daten austauschen. Auch muss er den Schaden innerhalb von einer Woche bei seinem Versicherer anzeigen. Hierfür ist es sinnvoll, den Schaden z.B. zu fotografieren (mit dem Handy) und eine kleine Skizze des Unfallhergangs anzufertigen.

Ist der Halter des anderen Fahrzeugs nicht vor Ort, so muss der Verursacher den Schaden unverzüglich der Polizei melden. Oftmals wird stattdessen empfohlen, einen Zettel mit den eigenen Daten an der Windschutzscheibe zu hinterlassen. Diesem Rat können wir nicht folgen: Kommt der Zettel abhanden, so handelt es sich automatisch um einen Fall von Fahrerflucht mit entsprechend harten Konsequenzen.

Bemerkt der Schädiger den Parkschaden nicht und fährt davon, so handelt es sich immer um Fahrerflucht, da die Halte- und Meldepflicht verletzt wird. Der Gesetzgeber erwartet vom Fahrer eine genaue Beobachtung der eigenen Umgebung und gerade beim Ein- und Ausparken eine besondere Sorgfalt. Hierzu gehört auch, dass das Radio leiser gestellt wird, damit ein möglicher Parkschaden auch gehört werden kann.

Die Versicherung des Schädigers übernimmt den Parkschaden im Rahmen der Haftpflichtversicherung. Allerdings kommt es bei der Versicherung aufgrund des Bonus-Malus-Systems zu einer Hochstufung des Schädigers in der Haftpflichtversicherung. Dieser Hochstufung kann der Schädiger dadurch entgehen, dass er den Parkschaden selbst bezahlt. Ob dies sinnvoll ist, muss im Einzelfall entschieden werden. Hier gibt der Versicherer jedoch Hilfestellungen bei der Entscheidungsfindung.

Tipp

Als Schädiger sollten Sie beim geschädigten Fahrzeug prüfen, ob es von früheren Unfällen bereits Vorschäden hat. Diese erkennen Sie an rostigen Stellen, Abschabungen oder Eindellungen abseits des neuen Schadens und natürlich an farblich anderen Abschürfungen. Sind sie vorhanden, dann sollten Sie sie mit Fotos dokumentieren. Ihre Versicherung ist nicht verpflichtet, auch frühere Schäden zu bezahlen, sodass es zumeist zu einer Schadensreduktion bei den Reparaturkosten kommt. Und dies kann Ihnen die Entscheidung für eine Bezahlung des Schadens aus eigener Tasche erleichtern.

Mit dem Klimaticket sparen

Mit dem Klimaticket Ö (für Österreich) können Sie ein Jahr lang alle Linienverkehre (öffentlicher und privater Schienenverkehr, Stadtverkehre und Verkehrsverbünde) in Österreich nutzen. Davon ausgenommen sind jedoch touristische Angebote wie die Waldviertelbahn, Wachaubahn, Schneebergbahn, Schafbergbahn. Die Kosten für das Jahresticket betragen (Stand 2022):

Ticketart	Preis (Euro)
Normalticket	1.095
Jugendliche zwischen 6 und 25 Jahren	821
Senioren ab 65 Jahren	821
Behinderte	821
Grundwehrdiener	0
Zivildiener	0

Tipp

Für Familien gibt es gegen einen einmaligen Aufschlag von 110 Euro die Möglichkeit, bis zu vier Kinder oder Jugendliche vom 6. bis 15. Lebensjahr mitzunehmen. Hierbei muss es sich nicht um die eigenen Kinder handeln, sie müssen nur mit dem Inhaber des Familientickets reisen. Reisen diese Kinder alleine, dann müssen sie ein eigenes Fahrticket besitzen. Kinder bis zum Lebensalter von 5 Jahren reisen kostenlos mit, hier sollten aber die Bestimmungen des jeweiligen Verkehrsunternehmens geprüft werden.

Das Klimaticket erhalten Sie online (https://shop.klimaticket.at/de/ticket) oder bei den Servicestellen der Vertriebspartner (Auskünfte über sie unter https://www.klimaticket.at/de/partner). Wichtig: Aufgrund des Fernabsatzgesetzes ist ein online gekauftes Ticket erst nach Ablauf der Widerspruchsfrist, d.h. erst nach zwei Wochen ab Kaufdatum, gültig und einsetzbar. Wollen Sie das Ticket vorher nutzen, müssen Sie das Ticket bei den Servicestellen kaufen. Hierfür benötigen Sie neben Ihrem Ausweis ein Foto und den Nachweis für entsprechende Vergünstigungen (Behindertenausweis, Zivildienstkarte, Wehrdienstausweis).

Beim online-Kauf ist das Ticket erst nach 14 Tagen nutzbar

Tipp

Neben dem Klimaticket Ö für das österreichische Gebiet gibt es auch Klimatickets nur für das Gebiet einzelner Bundesländer mit entsprechend niedrigeren Preisen.

Service

Glossar
Literatur
Adressen/Links
Stichwortverzeichnis

AMS
Arbeitsmarktservice

Chargeback
Der Begriff „Chargeback" bezieht sich auf Kreditkarten. Es handelt sich um eine Verfahrensweise, mit der der Kreditkarteninhaber Buchungen stornieren kann.

Cold Calling
Werbeanrufe (auch mittels SMS, E-Mail oder Fax) ohne vorherige Zustimmung des Empfängers. Cold Calling ist in Österreich verboten.

Devisen
Unter Devisen versteht man Anweisungen auf ausländische Zahlungsmittel, d.h. „bargeldlose Zahlungen" (z.B. Überweisungen in ausländischer Währung, Buchungen auf Fremdwährungskonten, Bankomatbehebungen im Ausland, Schecks in ausländischer Währung).

Doppelbesteuerungsabkommen (DBA)
Ein Doppelbesteuerungsabkommen regelt zwischen zwei Staaten, in welche Steuerhoheit grenzüberschreitende Einkünfte fallen sollen. Dadurch soll verhindert werden, dass Einkünfte doppelt oder vielleicht überhaupt nicht besteuert werden.

ECTS
European Credit Transfer and Accumulation System, das europäische Erfassungssystem für zu erbringende und erbrachte Leistungen von Studierenden, das der besseren Vergleichbarkeit von Studienerfolgen dient

ETC
Exchange-Traded Commodities, börsengehandelte Rohstoffe

ETF
Exchange-Traded Fund, börsengehandelter Investmentfonds

EU
Europäische Union

EWR
Europäischer Wirtschaftsraum, er wurde im Jahr 1994 gegründet und umfasst neben den aktuell 27 EU-Staaten die Länder Island, Liechtenstein und Norwegen.

Frankfurter Liste
Zusammenstellung von Urteilen des Frankfurter Landesgerichts zu Preisreduktionen für Leistungsmängel im Reiserecht

Freibetrag
Ein Freibetrag ist ein Betrag, der die Steuerbemessungsgrundlage (das zu versteuernde Einkommen) mindert. In Höhe des Freibetrages findet also keine Besteuerung statt.

GeoControl
Mit GeoControl verhindern Banken, dass mit den Debit-Karten im außereuropäischen Ausland Geld abgehoben werden kann. Es handelt sich um eine Schutzmaßnahme gegen Missbrauch, die für den Zeitraum des Urlaubs ausgeschaltet werden sollte.

GIS
Gebühren Info Service GmbH. Tochterunternehmen des ORF, das gemäß Rundfunkgebührengesetz für den Einzug der Rundfunkgebühren zuständig ist.

ICAO-Vorschriften
Die Internationale Zivilluftfahrtorganisation ICAO, eine Sonderorganisation der Vereinten Nationen, sorgt dafür, dass Flugzeuge weltweit den höchsten Sicherheitsstandards genügen. Sie hat auch Richtlinien für Passbilder entwickelt.

KSV1870
Der Kreditschutzverband von 1870 ist ein staatlich bevorrechteter, wirtschaftlich und politisch unabhängiger Gläubigerschutzverband in Österreich.

Negativsteuer
Negativsteuer (Sozialversicherungserstattung, SV-Rückerstattung) ist eine Gutschrift, die Arbeitnehmern zusteht, die so wenig verdienen, dass sie keine Lohnsteuer zahlen. Sie erhalten die Gutschrift durch Einreichen einer Arbeitnehmerveranlagung. Im Falle des Kinderabsetzbetrages erfolgt die Auszahlung mit der Familienbeihilfe.

NOVA
Normverbrauchsabgabe. Die Normverbrauchsabgabe (NoVA) wird fällig, wenn ein Kraftfahrzeug in Österreich an den Kunden geliefert wird oder zum ersten Mal zum Verkehr zugelassen wird (Import, Übersiedlung). Es handelt sich um einen prozentuellen Aufschlag auf den Kaufpreis bzw. gemeinen Wert, der vom CO_2-Ausstoß abhängig ist und beim Kauf oder Import bei bestimmten Kraftfahrzeugen anfällt.

Pensionssplitting Unter Pensionssplitting versteht man die Übertragung eines Teils der Pensionsansprüche des versicherungspflichtig beschäftigten Partners auf den Kinder erziehenden Partner.

Robinsonliste Bei der Robinsonliste handelt es sich um einen Schutz gegen unerwünschte Werbe-Zusendungen. Durch den Eintrag werden Ihre Daten aus den Datenbanken der Adressverlage gestrichen. Es dürfen Ihnen keine unerwünschten, persönlich adressierten Werbesendungen (z.B. Gewinnspiele) mehr zugestellt werden.

Statutarstadt Statutarstädte sind Städte mit einem eigenen Stadtrecht (Statut). Der Magistrat übernimmt bei diesen Städten neben den gemeindeeigenen Aufgaben (z.B. Baubehörde) auch noch die Aufgaben der Bezirksverwaltung (z.B. Pass-, Gewerbebehörde), d.h., für diese Städte ist keine Bezirkshauptmannschaft zuständig. In Österreich gibt es 15 Statutarstädte.

Steuerabsetzbetrag Steuerabsetzbeträge werden bei der Berechnung der Lohn- und Einkommensteuer verwendet. Sie vermindern nicht wie z.B. Werbungskosten die Steuerbemessungsgrundlage, sondern werden von der zuerst berechneten Steuer abgezogen.

Valuten Unter Valuten versteht man ausländisches Bargeld, also Fremdwährungen, die in österreichischen Banken erworben werden können. Ihr Gegenteil sind Devisen.

WEG Wohnungseigentumsgesetz

Wiener Liste Gegenstück der ► Frankfurter Liste bezogen auf Österreich

Allgemeines bürgerliches Gesetzbuch (ABGB) i.d.F. BGBl. I Nr. 145/2022 **ABGB (2022)**

Arbeitsvertragsrechts-Anpassungsgesetz (AVRAG) i.d.F. BGBl. I Nr. 162/2022 **AVRAG (2022)**

Bundesgesetz zum Schutz natürlicher Personen bei der Verarbeitung personenbezogener Daten (Datenschutzgesetz – DSG) i.d.F. BGBl. I Nr. 148/2021 **DSG (2021)**

Verordnung (EU) 2016/679 des Europäischen Parlaments und des Rates vom 27. April 2016 zum Schutz natürlicher Personen bei der Verarbeitung personenbezogener Daten, zum freien Datenverkehr und zur Aufhebung der Richtlinie 95/46/EG (Datenschutz-Grundverordnung – DSGVO) **DSGVO (2016)**

Dienstleistungsscheckgesetz (DLSG) i.d.F. BGBl. I Nr. 100/2018 **DLSG (2018)**

Bundesgesetz über das polizeiliche Meldewesen (Meldegesetz 1991 – MeldeG) i.d.F. BGBl. I Nr. 173/2022 **MeldeG (2022)**

Bundesgesetz vom 12. November 1981 über das Mietrecht (Mietrechtsgesetz – MRG) i.d.F. BGBl. I Nr. 59/2021 **MRG (2021)**

Mutterschutzgesetz 1979 (MSchG) i.d.F. BGBl. I Nr. 87/2022 **MSchG (2022)**

Bundesgesetz, mit dem Karenz für Väter geschaffen wird (Väter-Karenzgesetz – VKG) i.d.F. BGBl. 153/2020 **VKG (2020)**

Bundesgesetz über das Wohnungseigentum (Wohnungseigentumsgesetz 2002 – WEG 2002) i.d.F. BGBl. I Nr. 222/2021 **WEG (2021)**

Familienleistungs-Valorisierungsverordnung 2023. Österreichische Steuerzeitung, 17.11.2022 **Bleyer B (2022)**

Technik gegen Einbrüche: Wie wir uns das Sicherheitsgefühl zurückholen. Wirtschaftswoche, www.wiwo.de, 11.08.2015 **Joho K (2015)**

Quellensteuer aus dem Ausland zurückholen. Gewinn 2022/11 **Kordovsky M (2022)**

Steuerfreie Zuckerl vom Chef. Gewinn 2022/10 **Kowatsch S (2022)**

Nebenbei selbstständig. Die besten Tipps für mehr Erfolg. Verein für Konsumenteninformation, Wien **Lappe M (2020)**

Alles geregelt. Das KONSUMENT-Vorsorgebuch, 4. Aufl. Verein für Konsumenteninformation, Wien **Lappe M (2020)**

Wir heiraten. Das KONSUMENT-Hochzeitsbuch. Verein für Konsumenteninformation, Wien **Lappe M (2020)**

Wir trennen uns. Das KONSUMENT-Scheidungsbuch. Verein für Konsumenteninformation, Wien **Lappe M (2021)**

Wenn Eltern altern. Das KONSUMENT-Buch für Jung und Alt. Verein für Konsumenteninformation, Wien **Lappe M (2021)**

Richtig schenken. Klug entscheiden und schlau abwickeln. Verein für Konsumenteninformation, Wien **Lappe M (2021)**

Lappe M (2022) Notlagen meistern. Die KONSUMENT-Notfallsmappe.
Verein für Konsumenteninformation, Wien

Lappe M, Stagel J (2017) Steuern sparen 2017/18.
Verein für Konsumenteninformation, Wien

Lappe M, Stagel J (2018) 100 Steuer-Tipps.
Verein für Konsumenteninformation, Wien

Lappe M, Unger W (2020) Sicher im Netz: So schützen Sie sich vor Hackern und Betrügern.
Linde international, Wien

Lindinger E (2021) Wiener Liste zur Reisepreisminderung, 4. Aufl.
Manz, Wien

Meuter S (2018) Schufa-Daten prüfen und korrigieren.
Frankfurter Rundschau online, www.fr.de, 14.11.2018

Pichler G, Rechbauer S (2022) Verfahrene Suche nach Regeln.
Der Standard, 13.09.2022

Proissl A (2021) Werbungskosten: Berufsgruppen mit Pauschalen.
trend online, www.trend.at, 20.02.2021

Proissl A (2018) Gewerbliche Nutzung einer Wohnung: Was gesetzlich erlaubt ist.
trendonline, www.trend.at, 01.08.2018

Scheucher J (2022) Betriebskosten: AK hilft bei Überprüfung.
https://help.orf.at/stories/3215152/, ORF, 17.09.2022

Stiftung Warentest (2016) Finanztest Jahrbuch 2017: 90 Test und Reports.
Stiftung Warentest, Berlin

Stiftung Warentest (2017) Gewusst wie: Identifikation per Video.
https://www.test.de/Gewusst-wie-Identifikation-per-Video-5179598-0/
Stiftung Warentest, Berlin

Stiftung Warentest (2021) Anlegen in Gold: Goldrichtig kaufen. Finanztest 2021/08.
Stiftung Warentest, Berlin

Testsieger.at (2022) Scheck einlösen: Wie funktioniert das eigentlich?
https://www.testsieger.at/magazin/scheck-einloesen-wie-funktioniert-das-eigentlich/
zaleo digital GmbH & Co KG, Nürnberg

Verein für Konsumenteninformation (2022) Schenkungen rückgängig machen.
https://konsument.at/schenkungen-rueckgaengig-machen/65474
Verein für Konsumenteninformation, Wien

Agentur für Flug- und Fahrgastrechte (apf)
Linke Wienzeile 4/1/6, 1060 Wien
www.apf.at

Altersteilzeitrechner
https://www.amsratgeber.at/ratgeber-arbeitsuchende/altersteilzeitgeld/
https://altersteilzeit.arbeiterkammer.at/

Auskunfteien

KSV1870 Holding AG
Wagenseilgasse 7, 1120 Wien
Tel. +43 (0)50 1870-1000 Fax +43 (0)50 1870-99 1000
E-Mail: ksv@ksv.at www.ksv.at
https://www.ksv.at/fuer-privatpersonen/selbstauskunft

SCHUFA Holding AG
Kormoranweg 5, 65201 Wiesbaden
Tel. +49 (0)6 11-92780 Fax +49 (0)6 11-9278109
E-Mail: meineSCHUFA@SCHUFA.de
https://www.meineschufa.de/de/datenkopie

Bundesministerium für Finanzen
www.bmf.gv.at
Zugang zu FinanzOnline: https://finanzonline.bmf.gv.at/fon/

Datenschutzbehörde
Österreichische Datenschutzbehörde
Barichgasse 40–42, 1030 Wien
Tel. +43 1 521 52-25 69
E Mail: dsb@dsb.gv.at www.dsb.gv.at

Dienstleistungsscheck
https://www.dienstleistungsscheck-online.at/dienstleistungsscheck-webapp/about/wieFunktioniertDlsOnline.jsf?conversationContext=1

Dienstleister Fahrgastrechte
https://www.flightright.de/ihre-fluggastrechte
https://www.apf.gv.at/de/flugverspaetung-entschaedigung.html
https://www.airhelp.com/de-at/flugverspaeetung-entschaedigung/
https://claimflights.at/flugverspaetung/entschaedigung/

E-Control
Energie-Control Austria für die Regulierung der Elektrizitäts- und Erdgaswirtschaft (E-Control)
Rudolfsplatz 13a, 1010 Wien
Tel. +43 1 24724-0 Fax +43 1 24724-900
E-Mail: office@e-control.at www.e-control.at
Energie-Hotline: 0800 21 20 20

Einkommensteuerrechner
https://www.finanz.at/steuern/einkommensteuer/

Gesetzestexte
https://www.ris.bka.gv.at/

GIS-Befreiungsrechner
https://www.gis.at/befreiungsrechner

GIS-Formulare
https://www.gis.at/formulare-2

Höherversicherung
https://www.pv.at/cdscontent/?contentid=10007.707788&portal=pvaportal

Kinderbetreuungsgeldrechner
https://www.oesterreich.gv.at/themen/familie_und_partnerschaft/geburt/3/2/3/4.html

Klimaticket
https://www.klimaticket.at/
https://shop.klimaticket.at/de/ticket

Konsumentenschutz

Arbeiterkammer

Kammer für Arbeiter und Angestellte für Wien
als Büro der Bundesarbeitskammer
Prinz-Eugen-Straße 20–22, 1040 Wien
Tel. +43 1 501 65-0
E-Mail: akmailbox@akwien.at www.arbeiterkammer.at

Verein für Konsumenteninformation (VKI)

Linke Wienzeile 18, 1060 Wien
Tel. +43 1 588 77-0 Fax +43 1 588 77-73
E-Mail: konsument@vki.at www. vki.at, www.konsument.at

Europäisches Verbraucherzentrum (EVZ)

Verein für Konsumenteninformation
Mariahilfer Straße 81, 1060 Wien
E-Mail: info@europakonsument.at https://europakonsument.at

Zentrum für Europäischen Verbraucherschutz e.V.

Bahnhofsplatz 3, 77694 Kehl
Fax +49 (0) 7851/991 48 11
E-Mail: info@cec-zev.eu www.cec-zev.eu

Krankenversicherung, freiwillig

https://www.gesundheitskasse.at/cdscontent/?contentid=10007.867314&portal=oegkportal

Meldeauskunft

https://citizen.bmi.gv.at/at.gv.bmi.fnsweb-p/zmr/checked/Meldeauskunft

Mietervereinigung

Mietervereinigung Österreichs
Reichsratsstraße 15, 1010 Wien
Tel. 050195-2000 Fax 050195-92000
E-Mail: zentrale@mietervereinigung.at www.mietervereinigung.at

Öffentliches Gesundheitsportal Österreichs

https://www.gesundheit.gv.at/

Ombudsstellen

Österreichisches Institut für angewandte Telekommunikation (ÖIAT)

Ungargasse 64–66/3/404, 1030 Wien
Tel. +43 1 595 211 275 Fax +43 1 595 21 12 99
E-Mail: kontakt@ombudsstelle.at www.ombudsstelle.at

Stopline

Meldestelle gegen sexuelle Missbrauchsdarstellungen Minderjähriger
und nationalsozialistische Wiederbetätigung im Internet
Jakob-Haringer-Straße 8, 5020 Salzburg
www.stopline.at

Online-Diebstahlsanzeige

https://citizen.bmi.gv.at/at.gv.bmi.fnsbazweb-p/baz/checked/Buergeranzeige

Organspende

Gesundheit Österreich GmbH: Widerspruchsregister zu Organspenden
https://transplant.goeg.at/widerspruchsregister

Pensionssplitting

https://www.pensionsversicherung.at/cdscontent/?contentid=10007.779168&viewmode=content

Pensionsversicherung

Pensionsversicherungsanstalt
Friedrich-Hillegeist-Straße 1, 1021 Wien
Tel. 05 03 03 (Ausland: +43 503 03)
E-Mail: pva@pv.at

Regulierungsbehörde für Kommunikationsmittel

Rundfunk und Telekom Regulierungs-GmbH (RTR-GmbH)
Mariahilfer Straße 77–79, 1060 Wien
Tel. +43 1 58058-0 Fax: +43 1 58058-9191
E-Mail: rtr@rtr.at www.rtr.at

Reiseinformationen

https://www.bmeia.gv.at/reise-services/laender/
https://www.auswaertiges-amt.de/de/ReiseUndSicherheit

Reisemängel

https://www.wko.at/branchen/tourismus-freizeitwirtschaft/reisebueros/Frankfurter_Tabelle_Wiener_Liste.html
https://www.arbeiterkammer.at/frankfurtertabelle
https://europakonsument.at/de/page/faq-pauschalreise

Robinsonliste Österreich

WKO – Fachverband Werbung und Marktkommunikation
Wiedner Hauptstraße 57, 1040 Wien
Fax +43(0)5 90 900-285
E-Mail: werbung@wko.at https://apppool.wko.at/Robinsonliste/Registrierung.aspx

Sozialministeriumservice

Bundesamt für Soziales und Behindertenwesen – Sozialministeriumservice
Babenbergerstraße 5, 1010 Wien
Tel. +43 1 05 99 88
www.sozialministeriumservice.at

Landesstelle Burgenland

Neusiedler Straße 46, 7000 Eisenstadt
Tel. 02682/64 046 Fax 05 99 88-7412
E-Mail: post.burgenland@sozialministeriumservice.at

Landesstelle Kärnten

Kumpfgasse 23–25, 9020 Klagenfurt
Tel. 0463/5864-0 Fax 05 99 88-5888
E-Mail: post.kaernten@sozialministeriumservice.at

Landesstelle Oberösterreich

Gruberstraße 63, 4021 Linz
Tel. 0732/7604-0 Fax 0732/7604-4400
E-Mail: post.oberoesterreich@sozialministeriumservice.at

Landesstelle Salzburg

Auerspergstraße 67a, 5020 Salzburg
Tel. 0662/88 983-0 Fax 05 99 88-3499
E-Mail: post.salzburg@sozialministeriumservice.at

Landesstelle Steiermark

Babenbergerstraße 35, 8021 Graz
Tel. 0316/7090 Fax 05 99 88-6899
E-Mail: post.steiermark@sozialministeriumservice.at

Landesstelle Tirol

Herzog-Friedrich-Straße 3, 6020 Innsbruck
Tel. 0512/563 101 Fax 05 99 88-7075
E-Mail: post.tirol@sozialministeriumservice.at

Landesstelle Vorarlberg

Rheinstraße 32/3, 6900 Bregenz
Tel. 05574/6838 Fax 05 99 88-7205
E-Mail: post.vorarlberg@sozialministeriumservice.at

Landesstelle Wien

Babenbergerstraße 5, 1010 Wien
Tel. 01/588 31 Fax 05 99 88-2266
E-Mail: post.wien@sozialministeriumservice.at

Suche Unterstützungseinrichtungen

https://www.infoservice.sozialministerium.at/willkommen

Witwenpension

http://www.bva.at/cdscontent/?contentid=10007.677005&viewmode=content
https://www.pensionsversicherung.at/cdscontent/?contentid=10007.707756&viewmode=content

Wohnbeihilfe

https://www.burgenland.at/themen/wohnen/wohnbeihilfe/
https://www.ktn.gv.at/Service/Formulare-und-Leistungen/BW-L58
https://www.noe.gv.at/noe/Wohnen-Leben/Foerd_Wohnzuschuss_Wohnbeihilfe.html
https://www.land-oberoesterreich.gv.at/wohnbeihilfe.htm
https://www.salzburg.gv.at/bauenwohnen_/Seiten/wohnbeihilfe.aspx
https://www.soziales.steiermark.at/cms/beitrag/10363956/5361/
https://www.tirol.gv.at/bauen-wohnen/wohnbaufoerderung/beihilfe/wohnbeihilfe/
https://vorarlberg.at/-/wohnbeihilfe
https://www.wien.gv.at/amtshelfer/bauen-wohnen/wohnbaufoerderung/unterstuetzung/wohnbeihilfe-antrag.html

Zuschuss 24-Stunden-Betreuung

Sozialministeriumservice
https://www.sozialministeriumservice.at/Finanzielles/Pflegeunterstuetzungen/24-Stunden-Betreuung/24-Stunden-Betreuung.de.html

Weitere KONSUMENT-Bücher im Buchhandel oder im Online-Shop auf www.konsument.at

Wir trennen uns! Das KONSUMENT-Scheidungsbuch

Egal ob Ehe, eingetragene Partnerschaft oder Beziehung ohne Trauschein: Wenn das, was als dauerhaft betrachtet wurde, in Brüche geht, herrscht emotionaler Ausnahmezustand. Was sind die Folgen für alle Beteiligten? Wie soll es mit Kindern und Wohnung weitergehen? Was ist mit Unterhalt und Aufteilung des Vermögens? Woran ist noch zu denken? Das Buch hilft, in dieser sehr fordernden Phase kühlen Kopf zu bewahren und das zu klären, was geklärt werden muss. Hilfestellung dafür leisten nicht nur die Informationen zur aktuellen Gesetzeslage, sondern auch Checklisten samt Erläuterungen sowie wichtige Kontaktadressen.

broschiert, 156 Seiten, € 19,90
ISBN 978-3-99013-102-2
www.konsument.at/wirtrennenuns

Das österreichische Testmagazin

Ihr Ratgeber für den täglichen Einkauf
Jeden Monat mit Tests, Reports und Analysen.
Ohne Inserate, deshalb unabhängig von Firmen.
Nur dem Leser verpflichtet.

www.konsument.at

Beratung & Konsumentenschutz

Wir beraten Sie vor und nach dem Kauf
Und helfen Ihnen, zu Ihrem Recht zu kommen.
In **Musterprozessen** zeigen wir Missstände auf
Besserer Konsumentenschutz ist das Ziel.

www.vki.at/beratung

Test-Urteile

KONSUMENT TESTSIEGER K1700101 Produkt

Test ist nicht gleich Test
Nur Konsumentenschutzorganisationen wie der VKI
prüfen nach international anerkannten Standards.
Deshalb ist auf unsere Testergebnisse Verlass.
Strenge Qualitätsrichtlinien zeichnen unsere Arbeit aus.

Wir sind für Sie da

Aboservice
Für Fragen zu Ihrem KONSUMENT-Abonnement, für Adressänderungen sowie für Buchbestellungen wählen Sie Tel. 01 588 774 (Mo–Do 8–16 Uhr, Fr 8–14 Uhr)

Beratung
Die ExpertInnen unseres Beratungszentrums sind unter Tel. 01 588 77-0 erreichbar (Mo–Do 9–13 Uhr)

Persönliche Beratung
Wien: Mariahilfer Straße 81, Tel. 01 588 77-0
(Terminvereinbarung Mo–Do 9–13 Uhr)
Innsbruck: Maximilianstraße 9, Tel. 0512 58 68 78 (Mo–Do 8–12 Uhr)

VKI

Verein für Konsumenteninformation